Basiswissen Grundgesetz

Dritte, überarbeitete Auflage 2023
Erste Auflage 2017



Herausgeber: Nikolaus von Wolff
Redaktionelle Mitarbeit: Dr. Joachim Amm
Rechtliche Beurteilung: Rüdiger Pryssok
Grafik und Layout: Tomás Rodriguez
Druck: Buchdruckerei FINIDR s.r.o.

Hinweis: Die Herausgeber dieser Publikation legen Wert auf eine Sprache, die alle Geschlechter gleichermaßen berücksichtigt. Allein um die Lesbarkeit zu verbessern, werden auch Formulierungen verwandt, die auf eine geschlechtsspezifische Differenzierung verzichten.

Printed in Czech Republic

ISBN: 978-3-9821059-3-2

www.chromaland.net

Nikolaus von Wolff

# Basiswissen Grundgesetz

Grundrechte und politische Ordnung in Deutschland

CHROMALAND

# Vorwort

Als *Basiswissen Grundgesetz* Anfang Juli 2017 in der ersten Auflage erschien, wurde die Notwendigkeit einer zweiten, überarbeiteten Auflage bereits vom ersten Tag an deutlich: Am 30. Juni 2017 hatte der Deutsche Bundestag eine Gesetzesänderung zum Eherecht verabschiedet - die *Ehe für alle*, mit der die Öffnung der Ehe für gleichgeschlechtliche Paare im Bürgerlichen Gesetzbuch verankert wurde. Sie trat am 1. Oktober 2017 in Kraft. Eine Grundgesetzänderung war nicht notwendig: Artikel 6 des Grundgesetzes zum Schutz von Ehe und Familie wurde auch für gleichgeschlechtliche Paare und deren Kinder unmittelbar anwendbar.

Nach der zweiten Auflage von *Basiswissen Grundgesetz* im Januar 2018 gab es nur wenige Änderungen im Grundgesetz, die in erster Linie finanzielle Lasten zwischen Bund und Ländern betrafen: Im November 2018 wurde durch eine Grundgesetzänderung die direkte finanzielle Förderung von Schulen in den Kommunen durch den Bund („Digitalpakt Schule") ermöglicht; eine nur vorübergehende Grundgesetzänderung im September 2020 gestattete die finanzielle Entlastung von Kommunen im Zuge der Corona-Pandemie durch Bundesmittel. Im April 2022 beschloss der Deutsche Bundestag mit einer Zweidrittelmehrheit eine Grundgesetzänderung zur Aufnahme eines Sondervermögens für die Bundeswehr als Reaktion auf den russischen Angriffskrieg gegen die Ukraine.

Diese wenigen, sehr konkreten Grundgesetzänderungen während der letzten Jahre zeigen, dass der Rechtsstaat gesellschaftliche Entwicklungen aufnehmen und seine verfassungsmäßigen Prinzipien auch in Krisen schnell anwenden kann. Dies gilt mit Einschränkungen auch für die Klimakrise. So entsprach das Bundesverfassungsgericht am 29. April 2021 mit einem Urteil zum Klimaschutzgesetz der Klage von Klimaschutzaktivistinnen und stellte fest, dass eine unzureichende Klimaschutzpolitik die Grund- und Freiheitsrechte späterer Generationen beeinträchtige.

Als immer größere Herausforderung für die im Grundgesetz verankerten Grund- und Freiheitsrechte erweist sich mit den Krisen der Gegenwart allerdings deren populistischer Missbrauch:

Als im Jahr 2020 und 2021 zur Eindämmung der Corona-Pandemie erstmals in der Geschichte der Bundesrepublik Ausgangssperren, Geschäftsschließungen, Schulschließungen und weitere grundrechtsbeschränkende Maßnahmen verfügt wurden, führte dies zu teilweise gewalttätigen Protesten. Viele der Protestierenden bezogen sich auf das Grundgesetz, trugen es häufig als Zeichen des Protests mit sich, ignorierten aber unwissentlich oder vorsätzlich die Schutzverpflichtung des Staates gegenüber der körperlichen Unversehrtheit *aller* Menschen in Deutschland, auch der Alten und Vorerkrankten. Das Grundgesetz wurde stattdessen fälschlicherweise zur Begründung eines sozialdarwinistischen Freiheitsbegriffs herangezogen, in dem Solidarität und Schutz besonders gefährdeter Menschen ebenso wenig Platz haben wie die demokratische Legitimation von staatlicher Macht. Die Zusammenhänge einer demokratisch legitimierten, freiheitlichen, solidarischen, aber auch human angelegten politischen Ordnung sind hier nicht verinnerlicht. Mit Angriffen auf Ärzte, Pressevertreter und mit Gewaltandrohungen gegen Politikerinnen und Politiker, mit Beleidigungen und Herabwürdigungen im Netz und rassistischer Hetze werden Grundrechte wie die Pressefreiheit und das Recht auf seelische und körperliche Unversehrtheit ständig verletzt.

Mit dem im April 2021 verabschiedeten Gesetzespaket gegen Rechtsextremismus und Hasskriminalität, welches sich insbesondere gegen Hetze und Drohungen im Netz richtet, kam es erneut zu Diskussionen über ein Kernprinzip der geschützten Grundrechte: die Meinungsfreiheit. Wieder kollidierte ein instrumentalisierter Freiheitsbegriff, welcher Verleumdungen, Drohungen und Beleidigungen für sich in Anspruch nimmt, mit der verfassungsmäßigen Verpflichtung des Staates, die Menschen vor Gewalt, Einschüchterung und Verleumdung zu schützen.

Der Schutz der menschlichen Würde bleibt die zentrale Verpflichtung staatlichen Handelns, ob im Bereich der digitalen Kommunikation, in Zeiten einer Pandemie oder im Katastrophen- und Verteidigungsfall.

Die Universalität der Grund- und Freiheitsrechte und die Struktur des politischen Systems der Bundesrepublik auch in aktuellen Zusammenhängen nachvollziehbar zu machen, ist das Ziel dieser aktualisierten Ausgabe von *Basiswissen Grundgesetz*.

Nikolaus von Wolff

# Inhalt

# Über die Präambel des Grundgesetzes

Wie schon die verfassunggebende Versammlung im Jahr 1949, stellt die mit dem Einigungsvertrag zwischen beiden deutschen Staaten 1990 angepasste Präambel des Grundgesetzes den Frieden und ein vereintes Europa in den Mittelpunkt ihrer rechtlich-politischen Richtungsvorgabe:

> *Im Bewusstsein seiner Verantwortung vor Gott und den Menschen, von dem Willen beseelt, als gleichberechtigtes Glied in einem vereinten Europa dem Frieden der Welt zu dienen, hat sich das Deutsche Volk kraft seiner verfassungsgebenden Gewalt dieses Grundgesetz gegeben.*

Auch wenn dem Gottesbezug in der Präambel mit Verweis auf die Glaubensfreiheit heute kaum rechtliche Relevanz zugesprochen wird, gilt als unumstritten, dass der Präambel des Grundgesetzes Verfassungscharakter zukommt. Dem entspricht die Systematik seiner Feststellungen ebenso wie die Rechtsprechung des Bundesverfassungsgerichts, das erstmals 1956 in dem Urteil zum Verbot der KPD auf die Präambel des Grundgesetzes Bezug nahm. In einem der Leitsätze des Urteils hieß es: „Der Präambel des Grundgesetzes kommt vor allem politische, aber auch rechtliche Bedeutung zu." Damit wurde das in der ursprünglichen Fassung zentrale Gebot der Wiederherstellung der deutschen Einheit als Rechtsgut anerkannt.

Auch bei dem richtungsweisenden „Lissabon-Urteil" zum Rechtsrahmen der Integration Deutschlands in die Europäische Union von 2009 nahm das Bundesverfassungsgericht auf die Präambel des Grundgesetzes Bezug. Laut Urteilsbegründung ergäbe sich aus der Präambel des Grundgesetzes und aus Artikel 23 der *„Verfassungsauftrag zur Verwirklichung eines vereinten Europas"*.

Im zweiten Satz der Präambel wird mit der namentlichen Nennung aller 16 Bundesländer die territoriale Gesamtheit Deutschlands dokumentiert und festgestellt, dass die Einheit und Freiheit Deutschlands selbstbestimmt vollendet sei. Wie auch der Folgesatz betont der Satz damit auch die Finalität des deutschen Einigungsprozesses innerhalb der Grenzen der Bundesrepublik Deutschland und hebt das föderale Prinzip und die Eigenständigkeit der Länder hervor:

> *Die Deutschen in den Ländern Baden-Württemberg, Bayern, Berlin, Brandenburg, Bremen, Hamburg, Hessen, Mecklenburg-Vorpommern, Niedersachsen, Nordrhein-Westfalen, Rheinland-Pfalz, Saarland, Sachsen, Sachsen-Anhalt, Schleswig-Holstein und Thüringen haben in freier Selbstbestimmung die Einheit und Freiheit Deutschlands vollendet. Damit gilt dieses Grundgesetz für das gesamte Deutsche Volk.*

Der vorläufige Charakter der ursprünglichen Präambel war damit aufgehoben. Die entscheidende Richtungsfestlegung aber blieb erhalten: Deutschland zu verstehen als Teil eines dem Frieden dienenden, freiheitlichen Europas.

*Die Würde des Menschen ist unantastbar. Sie zu achten und zu schützen ist Verpflichtung aller staatlichen Gewalt.*

Artikel I, Absatz I, Grundgesetz

# Der Schutz der menschlichen Würde

Kein Artikel des Grundgesetzes ist so weithin bekannt wie der Erste:

*Die Würde des Menschen ist unantastbar.*

Seit dem Inkrafttreten des Grundgesetzes im Jahr 1949 hat es immer wieder gesellschaftliche, philosophische, politische und auch künstlerische Auseinandersetzungen zu der Frage gegeben, welche genaue Bedeutung diesem zentralen Grundsatz einer humanen Gesellschaft zukommt.

Die jüdische und später auch die christliche Vorstellung von der Gottesebenbildlichkeit des Menschen stellt die menschliche Würde in den Mittelpunkt ihrer Ethik. Ebenso gehört die Menschenwürde untrennbar zum humanistischen Grundsatz der Autonomie des Menschen. Beide Perspektiven verbindet die Übereinkunft, dass die Würde des Menschen immer über den Machtansprüchen des Staates und über denen aller anderen institutionellen Gewalten zu stehen hat: Die Würde des Menschen darf niemals verletzt werden. Wie aber lässt sich der Begriff der Menschenwürde im Sinne des Grundgesetzes verstehen?

Der Bundesgerichtshof bestimmte die Menschenwürde als einen Wert- und Achtungsanspruch, der jedem Menschen aufgrund seines Menschseins zukommt, unabhängig von seinen Eigenschaften, seinem körperlichen oder geistigen Zustand, seinen Leistungen oder seinem sozialen Status. Ein Mensch darf nie zu einem Objekt, einem Mittel oder zu einer Größeneinheit herabgewürdigt werden.

Auch in der allgemeinen Erklärung der Menschenrechte der Vereinten Nationen steht die Menschenwürde an erster Stelle: „Alle Menschen sind frei und gleich an Würde und Rechten geboren." Im Gegensatz zum Grundgesetz aber wird die menschliche Würde hier direkt mit dem Gleichheitsprinzip verknüpft. Nur im Grundgesetz ist die menschliche Würde als solche Grundlage der Verfassung.

Die genaue Bestimmung dessen, was die Menschenwürde umfasst, führt dabei immer wieder zu gesellschaftlichen und politischen Debatten:

Wird dem menschlichen Embryo bereits eine menschliche Würde zugesprochen?

Wenn die menschliche Würde absolut ist: Wo endet dann der Anwendungsrahmen des Grundgesetzes?

Inwieweit können Handelsbeziehungen zu Staaten unterhalten werden, in denen Menschen entwürdigt und entrechtet werden?

In welchen Fällen kann Sterbehilfe mit dem Schutz der menschlichen Würde vereinbar sein?

Es gibt kaum ein aktuelles Thema politischer oder sozialer Auseinandersetzung, in welchem die Frage der menschlichen Würde nicht wenigstens mittelbar berührt wäre.

Dennoch wird man den Begriff der „Würde" in der Sprache des Alltags nur selten zu hören bekommen. Der Rechtsbegriff der Menschenwürde entspricht nicht dem umgangssprachlichen Gebrauch der „Würde". Dort mag „ein würdeloses Schauspiel" beklagt, ein „würdevoller" Auftritt beklatscht oder die „Würde des Amtes" betont werden. Sprachgeschichtlich entstammt der Begriff der Würde aus dem althochdeutschen „wirda", was in etwa „wert" oder „wert sein" bedeutet.

Der Rechtsbegriff der Menschenwürde aber ist ungleich schärfer bestimmt.

Er begründet einen Schutzanspruch jedes einzelnen Menschen und erfüllt dabei gleichzeitig zwei Funktionen: Zum einen begründet er ein Abwehrrecht gegen staatliche Maßnahmen, die Grundrechte verletzen, schützt also vor dem Staat; zum anderen dient Artikel 1 dem Schutz gegen Verletzungen der Menschenwürde durch alle anderen, also auch durch nicht-staatliche Akteure.

Wird beispielsweise ein Fußballspieler aufgrund seiner Hautfarbe im Stadion mit Affenlauten niedergebrüllt und damit dessen Menschenwürde in brutaler Weise verletzt, so ist der Staat durch seine Organe in der verfassungsmäßigen Pflicht, diesen Spieler zu schützen: *Sie* (die Menschenwürde) *zu achten und zu schützen, ist Verpflichtung aller staatlichen Gewalt* lautet der zweite Satz des ersten Artikels im Grundgesetz.

Staatliche Institutionen stehen wiederum selbst gelegentlich in der Kritik, die Menschenwürde etwa durch Entscheidungen von Sozialämtern oder durch anlasslose polizeiliche Kontrollmaßnahmen aufgrund von ethnischer Zugehörigkeit („racial profiling") zu verletzen. Auch hier besteht für Betroffene grundsätzlich die Möglichkeit der Klage auch gegen den Staat.

Die menschliche Würde wird nicht vom Staat gewährt, sondern dieser hat die Aufgabe, sie zu schützen.

Den Verfassern und den Verfasserinnen des Grundgesetzes ist es gelungen, diesem Prinzip sprachlich zu entsprechen. Ihre Formulierung verbindet dabei die seelisch-körperliche Dimension der Un-*Antastbarkeit* mit dem Begriff der Menschenwürde.

Dieser Festlegung entspricht die „Ewigkeitsklausel" in Artikel 79 (Absatz 3) im Grundgesetz, mit der die Autoren den ersten Artikel ausgestattet haben: Der Schutz der menschlichen Würde darf von niemandem, auch von keiner gesetzgebenden Institution des Staates, infrage gestellt werden. Sie gilt auch unter Bedingungen des Ausnahmezustands oder des Verteidigungsfalls.

Ihr Anspruch reicht auch prinzipiell über den Geltungsbereich des Grundgesetzes hinaus: Ein Unternehmen beispielsweise, das von Zwangsarbeit Gebrauch macht, müsste sich im Geltungsbereich des Grundgesetzes dafür verantworten, selbst dann, wenn diese Zwangsarbeit in Asien oder Afrika erfolgte.

In der Diktion des Ersten Artikels kommt historisch auch das Entsetzen über den mörderischen Zivilisationsbruch des Faschismus zum Ausdruck. Dessen Rechtsdefinition („Recht ist, was dem Volke nützt") entwürdigte den Einzelnen vollständig zugunsten staatlicher Autorität. Der entrechtete Mensch im Unrechtsstaat stand den Autoren des Grundgesetzes konkret und abstrakt gleichermaßen vor Augen. Die bundesdeutsche Verfassung wurde nur vier Jahre nach dem Zusammenbruch der Nazi-Diktatur beschlossen. In keiner anderen Verfassung der Welt ist die menschliche Würde deshalb so fundamental und konkret in den Mittelpunkt gestellt worden.

Welche Rechte aber ergeben sich aus dem Schutz der menschlichen Würde?

Niemand darf beispielsweise grundlos verhaftet, festgehalten oder an der Ausübung seiner Rechte gehindert werden. Die Absolutheit des Folterverbots, das Verbot von Sklaverei und das unwiderrufliche Verbot der Todesstrafe ergeben sich direkt aus dem ersten Artikel des Grundgesetzes. Auch die Verpflichtung des Staates, jedem Bürger und jeder Bürgerin ein Existenzminimum zuzusichern, gehen auf den Schutz der Menschenwürde zurück.

Darüber hinaus stellt das Grundgesetz ein Wertesystem dar, das über den reinen Verfassungstext hinausweist: Alle staatlichen Gesetzesinitiativen und Handlungsweisen müssen dem Geist des Grundgesetzes entsprechen. Ebenso sind auch nicht-staatliche Akteure in Deutschland zur Achtung der grundgesetzlichen Werte verpflichtet. Der erste Artikel ist der Grundstein dieses Wertesystems.

Von den einleitenden Artikeln in den Verfassungen mancher anderen Staaten unterscheiden sich die Grundrechtsartikel des Grundgesetzes dadurch, dass sich aus ihnen ein konkreter Rechtsanspruch ergibt: Sie sind einklagbar.

In der Verfassung der ehemaligen DDR beispielsweise wurde die Würde des Menschen zwar ebenfalls zugesichert (Artikel 19 der Verfassung der DDR). Dieser Anspruch war aber nicht einklagbar.

In der Rechtsgeschichte der Bundesrepublik gab es bis heute mehr als 13.000 Gerichtsentscheidungen, die auf den ersten Artikel und damit auf die Menschenwürde Bezug nahmen.

Mit dem historischen „Lüth-Urteil" von 1958 wurde erstmals der Begriff des *Wertesystems* vom Bundesverfassungsgericht auf das Grundgesetz angewandt.

Der Publizist und damalige Hamburger Senatsdirektor Erich Lüth (oben links im Bild) hatte zum Boykott eines Kinofilms des Regisseurs Veit Harlan aufgerufen. Harlan hatte während der Nazi-Zeit den antisemitischen Hetzfilm „Jud Süß" hergestellt. Nach einer Klage der Filmproduktionsfirma gegen Erich Lüth wurde diesem aber schließlich vom Bundesverfassungsgericht Recht zugesprochen, weil er mit dem Boykottaufruf im Sinne des Grundgesetzes als Wertesystem gehandelt habe.

# Das Grundgesetz als Wertesystem

Unter einem Wertesystem versteht man die Gesamtheit aller Werte, aus denen sich jene Normen ergeben, denen sich die Mitglieder einer Gesellschaft und ihre Institutionen verpflichtet fühlen. Gleichheit, Freiheit und Solidarität sind zentrale Werte, die sich aus der Würde des Menschen ergeben. Sie spiegeln sich in den Grund- und Menschenrechten wider, wie sie im Grundgesetz verankert sind.

Auch die politische Mitbestimmung, deren Grundlage Demokratie und Rechtsstaatlichkeit sind, gehört zum Wertesystem des Grundgesetzes. Häufig wird dabei vom „Geist des Grundgesetzes" gesprochen, ein Begriff, der aufgrund jeweils aktueller Ereignisse immer wieder neu ausgelegt und bestimmt wird. Die Notwendigkeit dazu ergibt sich nicht zuletzt daraus, dass ein Wertesystem niemals etwas Feststehendes ist, sondern sich immer wieder neuen Rahmenbedingungen stellen muss. Aktuelle Wertediskussionen beziehen sich beispielsweise auf die Rolle religiöser Symbole, auf unterschiedliche Vorstellungen von Ehe und Familie oder auf die Sozialverpflichtung des Eigentums.

Dabei steht nie ein einzelner Wert, wie etwa jener der Glaubens- und Gewissensfreiheit, von anderen Werten losgelöst, wie etwa dem der Gleichberechtigung der Geschlechter oder dem der Versammlungsfreiheit.

Die Werte eines auf der Menschenwürde fußenden Wertekanons bedingen sich gegenseitig und können nicht gegeneinander ausgespielt werden. Die wechselseitige Bezogenheit spiegelt sich auch in dem grundgesetzlichen Begriff der Unveräußerlichkeit: Kein Grund- und Menschenrecht kann zugunsten eines anderen eingetauscht oder aufgeben werden. Da aber in der gelebten Wirklichkeit immer wieder Situationen und Prozesse entstehen, in der Widersprüche zwischen diesen Werten als Rechtsgütern gelöst werden müssen, spielt das Prinzip der Verhältnismäßigkeit und das Gebot der sorgfältigen Abwägung eine besondere Rolle.

So darf der Staat auch in Ausnahmesituationen – wie während einer Pandemie oder im Verteidigungsfall – nur verhältnismäßige Grundrechtseingriffe vornehmen.

Zum Beispiel führten im November 2020 aufgrund der Corona-Pandemie diverse Infektionsschutzmaßnahmen auf Basis des Infektionsschutzgesetzes zu Beschränkungen von Grundrechten: So wurde die Freiheit der Person (entsprechend Artikel 2 Absatz 2 Satz 2 im Grundgesetz) bei Quarantäne und das Recht auf körperliche Unversehrtheit (Artikel 2 Absatz 2 Satz 1 GG) bei ärztlichen Untersuchungen beschränkt. Auch das Grundrecht auf Freizügigkeit (Artikel 11 Absatz 1 und 2 GG) wurde beschnitten, wenn zum Beispiel der Aufenthalt in bestimmten Gebieten verboten wurde. All diese Beschränkungen mussten begründet und temporär begrenzt sein. Sie waren allein durch die in der Abwägung höheren Gewichtung des Grundrechts auf Leben und körperliche Unversehrtheit der Nichtinfizierten begründet und dienten dazu, dieses Recht auch vor dem Hintergrund einer drohenden Überlastung des Gesundheitssystems zu schützen.

Ein weiteres Beispiel für die Abwägung von Rechtsgütern: Nach dem Beginn des Angriffskriegs Russlands auf die Ukraine am 24. Februar 2022 kam es in Deutschland vermehrt zu Demonstrationen, bei denen auch die Unterstützung des russischen Angriffs auf die Ukraine bekundet wurde. Gerichte hatten darüber zu urteilen, ob diese Demonstrationen auf Basis des hohen Rechtsguts der Meinungsfreiheit und der Versammlungsfreiheit zulässig seien, oder ob mit Blick auf die Menschenwürde der Opfer dieses Krieges und entsprechend dem in Artikel 26 des Grundgesetzes festgelegten Verbot, einen Angriffskrieg zu unterstützen, ein Verbot der Kundgebungen auszusprechen sei. In der Abwägung der Rechtsgüter wurde im Einzelfall entschieden, dass die Demonstrationen zwar aufgrund der Meinungs- und Versammlungsfreiheit zulässig seien, nicht aber das Zeigen von Symbolen und das Halten von Reden, die den Angriffskrieg verherrlichten oder rechtfertigten.

Im Gegensatz zur Wirklichkeit in autoritären Staaten darf gegen ein solches Urteil auch öffentlich protestiert werden, da die Meinungsfreiheit es zulässt, die Abwägung von Rechtsgütern auf gerichtlicher Ebene zu kritisieren, auch wenn gerichtliche Beschlüsse zu respektieren sind.

Das Bundesverfassungsgericht setzt aber bei der Abwägung von Grundrechten auch Schranken.

So wurde beispielsweise in einem vielbeachteten Urteil vom 15. Februar 2006 zu dem im Vorjahr beschlossenen Luftsicherheitsgesetz entschieden, dass Teile darin verfassungswidrig seien, da der Abschuss eines entführten Passagierflugzeugs, als Waffe missbraucht, nicht mit der Menschenwürde vereinbar sei. Menschen würden zu Objekten, wenn der Staat den Abschuss eines entführten Luftfahrzeuges billige, argumentierte der Senat. Menschen würden dadurch „verdinglicht und zugleich entrechtlicht". Eine Degradierung des Menschen zum Objekt ist mit dem Wertesystem des Grundgesetzes unter keinen Umständen vereinbar.

Der Grundsatz der Unteilbarkeit der Menschenrechte entspricht ihrer Universalität: Menschenrechte müssen immer überall und für alle gelten. Sie sind unveräußerlich.

*„Die Menschenrechte beginnen, wo die Vorurteile enden"*

Marie Joseph de Motier, Marquise de La Fayette, 1757-1834, französischer General und Politiker.

Als Mitglied der Generalstände reichte er der französischen Nationalversammlung den Entwurf zur Erklärung der Menschenrechte am 16. August 1789 ein.

3

# Die Grund- und Menschenrechte

Die Grund- und Menschenrechte sind das wertvollste Erbe der amerikanischen Unabhängigkeitserklärung und der Französischen Revolution. Es war die Nationalversammlung in Paris, die 1789 erstmalig eine Erklärung der allgemeinen Bürger- und Menschenrechte verabschiedet hatte.

In ihr waren die zentralen Grundrechte so niedergelegt worden, wie sie sich bis heute fast unverändert in nahezu allen Verfassungen moderner Staaten wiederfinden:

Die Gleichheit aller Menschen in ihren Rechten (Égalité), die Freiheit des Einzelnen in seiner persönlichen Entfaltung und in seiner politischen Teilhabe an der Gesellschaft (Liberté), das Prinzip der Solidarität (Fraternité).

Die Bürgerrechte und Menschenrechte fasst man heute als Grundrechte zusammen, wobei die besonderen Rechte der Staatsbürgerinnen und Staatsbürger weiter gelten. Zu ihnen zählen zum Beispiel das Wahlrecht, die Vereinigungsfreiheit und das Recht auf freie Berufswahl.

Alle Bürger und Einwohner demokratischer Staaten sind heute „Rechtssubjekte", deren Grundrechte geschützt sind. Dies gilt für Staatsbürger ebenso wie für jene, die eine andere Staatsangehörigkeit haben.

Zu den Grundrechten gehören unter anderem das Recht auf körperliche Unversehrtheit und Leben, das Recht auf freie Meinungsäußerung, die Glaubens- und Gewissensfreiheit und die Gleichheit vor dem Gesetz.

Im Gegensatz zu den Staatsbürgerrechten dürfen diese auch Ausländerinnen und Ausländern in Deutschland nicht versagt werden. Damit gelten in Deutschland grundsätzliche Rechtsnormen, wie sie in fast allen demokratischen Staaten üblich sind.

Den meisten Menschen in Deutschland sind diese Grundrechte heute so selbstverständlich, dass sie sie kaum noch bewusst wahrnehmen. Dadurch wächst aber auch die Gefahr, dass eine Aushöhlung der Grundrechte aus unterschiedlichsten Gründen nicht erkannt werden könnte. In den meisten Fällen ist es nicht einfach zu bestimmen, wo und wann Grundrechte bereits in Gefahr sind:

Ist die expandierende kommerzielle Nutzung von persönlichen Daten wirklich mit dem Recht auf informationelle Selbstbestimmung vereinbar?

Greifen umfassende Überwachungsmaßnahmen zur Bekämpfung des Terrorismus nicht in die Privatsphäre zu vieler Unbeteiligter ein?

Wäre eine allgemein verbindliche Impfpflicht gegen bestimmte Krankheiten mit den Grundrechten vereinbar?

Die Besorgnis von Grundrechtsexperten richtet sich heute weniger auf einzelne Maßnahmen, sondern auf die Verletzung des Grundsatzes, demzufolge die Grundrechte eine in sich gefügte Ganzheit darstellen (Unteilbarkeit), sodass die Infragestellung einzelner Rechte zur Erosion weiterer führen kann. Würde beispielsweise das Grundrecht auf informationelle Selbstbestimmung bei Gesundheitsdaten ausgehebelt, sodass Arbeitgeber einen Zugriff darauf bekämen, stünden zwangsläufig auch das Prinzip der Gleichheit und der Berufsfreiheit auf dem Spiel. Würde beispielsweise ein Unternehmen eine neue Mitarbeiterin einstellen, von der es wüsste, dass sie an einer chronischen Krankheit leidet?

Das Beispiel zeigt, wie stark Interessen sein können, Grundrechte infrage zu stellen. Gehört das Rauchen in einer Mietwohnung noch zur Freiheit der Persönlichkeitsentfaltung? Darf eine Lebensversicherung wissen, ob es in der Familie eines Kunden eine seltene Erbkrankheit gibt?

Es wäre eine perfide Übung aufzuzeigen, wie schnell der sogenannte „gesunde Menschenverstand" bereit ist, Grundrechte infrage zu stellen. Populäre und spontane Forderungen wie das Einsperren potenzieller Terroristen ohne Gerichtsverfahren, die Schließung der Grenzen ohne reguläre Asylverfahren oder das Verbot von Demonstrationen unter Vorwänden sind Beispiele dafür. Leider ist dieser volkstümlich – „gesunde Menschenverstand" weniger von Rechtsbewusstsein als häufig von tief sitzenden autoritären Vorstellungen geprägt. Das Prinzip der Unteilbarkeit und Universalität der Menschenrechte ist kein „Gefühl"; es muss erlernt und verstanden werden.

Der lange vorherrschende Eindruck in europäischen Gesellschaften, der Schutz der Grundrechte sei eine Angelegenheit, die fast nur Menschen in fernen Ländern betreffe und kaum die eigene Existenz, erweist sich immer offensichtlicher als Trugschluss. Noch bedenklicher sind Verschwörungstheorien, in denen politische Krisenbewältigung oder drohende Wohlstandsverluste als willentliche und systematische Grundrechtsverletzungen der Eliten dargestellt werden. Begriffe wie „Corona-Diktatur", „Umvolkung" oder „Great Reset" unterstellen beispielsweise einen massiven Angriff auf die Grundrechte der Bürger.

Mit der Zuspitzung der Krisen in der Welt wächst der Druck auf die Freiheitsrechte durch autoritäre Ideologien, die schnelle Lösungen versprechen. Gleichzeitig wird mit den politischen, ökonomischen und sozialen Verwerfungen deutlich, wie sehr die Notwendigkeit des Schutzes von Grund- und Menschenrechten gewachsen ist.

Die UN-Menschenrechtserklärung, internationale Menschenrechtsabkommen und das Grundgesetz erlauben prinzipiell einen Schutz, auf den sich jeder Mensch berufen kann. Sie sichern zu, dass niemand entrechtet werden darf.

Welche aber sind die Grundrechte, die auch vor dem „gesunden Menschenverstand" sicher sein müssen?

*Jeder hat das Recht auf die freie Entfaltung seiner Persönlichkeit, soweit er nicht die Rechte anderer verletzt und nicht gegen die verfassungsmäßige Ordnung oder das Sittengesetz verstößt.*

Artikel 2, Absatz I, Grundgesetz

# Die Allgemeine Handlungsfreiheit des Menschen

Das Recht auf freie Entfaltung der Persönlichkeit, auf körperliche Unversehrtheit und auf Leben (Artikel 2 des Grundgesetzes) gehören zum Grundsatz der Allgemeinen Handlungsfreiheit jedes Menschen. Sie ist nicht nur im Grundgesetz enthalten, sondern in allen internationalen Vereinbarungen und Erklärungen zum Schutz der Menschenrechte. Rechtshistorisch und rechtsphilosophisch wird die Handlungsfreiheit überwiegend als natürliches Recht betrachtet, das jedem Menschen noch vor jeder Staatlichkeit von Natur aus gegeben ist.

Die Entfaltung der Persönlichkeit stellt zudem ein erstrebenswertes, wenn nicht sogar das höchste Ziel humanistischer Weltanschauung dar.

Der Schriftsteller und Philosoph Erich Fromm etwa erkannte in seinem Werk *Haben oder Sein* die Entfaltung der eigenen Persönlichkeit und die des Mitmenschen als das höchste Ziel des menschlichen Lebens überhaupt. Er greift dabei auf die Vorstellung eines naturgegebenen Rechts zurück.

Auch im Grundgesetz ist die Freiheit zur Entfaltung der eigenen Persönlichkeit kein Recht, das vom Staat gewährt werden müsste, sondern eines, welches der Staat zu schützen hat. Dies entspricht dem Prinzip der Allgemeinen Handlungsfreiheit in allen freiheitlichen Verfassungen.

Wie aber kann ein Mensch die eigene Persönlichkeit (und das eigene Leben) wirklich so frei „entfalten", wie er oder sie es gerne möchte?

Die Ausschussmitglieder des Verfassungskonvents, die im August 1948 im Alten Schloss Herrenchiemsee in Bayern zusammenkamen, hatten dazu ursprünglich eine sehr offene Formulierung gewählt: „Jedermann hat die Freiheit, zu tun und zu lassen, was die Rechte anderer nicht verletzt und nicht gegen die verfassungsmäßige Ordnung oder das Sittengesetz verstößt."

Dieser Satz wurde lediglich aus sprachlichen Gründen verworfen und durch die bis heute geltende Formulierung ersetzt:

> *Jeder hat das Recht auf die freie Entfaltung seiner Persönlichkeit, soweit er nicht die Rechte anderer verletzt ...*

Die freie „Entfaltung der Persönlichkeit" schließt ganz triviale Handlungen des Alltags mit ein, wie zum Beispiel das Tragen der bevorzugten Kleidung, die Freiheit, sich tätowieren zu lassen oder das Singen auf dem Balkon. Gleichzeitig geht die *Freiheit der Person* noch weit darüber hinaus: Sie schützt das Grundrecht jedes Menschen, sich körperlich frei zu bewegen und den eigenen Aufenthaltsort selbst zu bestimmen, ohne daran gehindert zu werden. Die Allgemeine Handlungsfreiheit wird auch als *Auffanggrundrecht* bezeichnet. Sie wird immer dann wirksam, wenn Handlungen von Menschen nicht durch spezifisch formulierte Grundrechte geschützt sind, aber auch nicht durch entsprechende Gesetze verboten. So darf jeder beispielsweise in einem Fluss baden, das Auto beschriften oder per Anhalter reisen, solange Gesetze nichts Gegenteiliges vorschreiben. Man könnte vereinfacht sagen: Im Zweifel geht die Freiheit des Einzelnen vor.

Historisch fußt die Allgemeine Handlungsfreiheit auf der Allgemeinen Erklärung der Menschenrechte, wie sie 1789 von der Französischen Nationalversammlung verabschiedet worden war:

> *Die Freiheit besteht darin, alles tun zu dürfen, was einem anderen nicht schadet.*

Die UN-Menschenrechtscharta fasst alle Aspekte der Handlungsfreiheit in einem Satz zusammen:

*Jeder hat das Recht auf Leben, Freiheit und Sicherheit der Person.*

Trotz der scheinbaren Einfachheit dieser Rechtsgarantien gibt es unterschiedliche Interpretationen, wie weit die Eingriffsrechte des Staates jeweils reichen dürfen, um diese Freiheiten sicherzustellen.

Auch zum zweiten Absatz dieses Artikels gibt es offene Diskussionen:

*Die Freiheit der Person ist unverletzlich.*

Welches sind die geografischen Grenzen seines Geltungsbereichs? Welche Freiheiten hat beispielsweise ein Mensch, der an Demenz leidet?

*Jeder hat das Recht auf Leben und körperliche Unversehrtheit...*

Aus Artikel 2 des Grundgesetzes ergibt sich zweifellos der Schutz des Menschen vor Folter, vor Versuchen am Menschen, vor Körperstrafen und Zwangssterilisationen, vor Körperverletzung und sexueller Gewalt, vor der Misshandlung Schutzbefohlener und vor allen Handlungen, die dem Körper und der Seele eines Menschen Schaden zufügen.

Auch der Anspruch von alten und behinderten Menschen auf eine würdige Pflege ergibt sich aus diesem Grundrecht.

Der Staat schützt die körperliche Unversehrtheit der Menschen durch rechtsstaatliche Garantien, wie sie im Strafgesetzbuch zum Ausdruck kommen.

Er steht in der Verantwortung, körperliche und seelische, auch sexualisierte Gewalt zu unterbinden und zu ahnden. Insofern beruht auch die öffentliche Sicherheit zu einem erheblichen Teil auf dem Grundrecht auf Leben und körperliche Unversehrtheit. Sicherheit bedeutet zuvorderst das Recht auf körperliche Unversehrtheit.

Das deutsche Grundgesetz kennt aber, anders als manche Landesverfassungen, kein Recht auf Gesundheit. Auch die Maßnahmen des

Infektionsschutzgesetzes beruhen nicht auf einem „Recht auf Gesundheit", sondern auf dem Recht auf körperliche Unversehrtheit und Leben.

Das Bundesverfassungsgericht hat allerdings aus Artikel 2 des Grundgesetzes Verpflichtungen des Staates abgeleitet, die einem Grundrecht auf Gesundheit nahekommen: Da das Grundgesetz zunächst nur den Staat verpflichtet, die Grundrechte zu schützen, hat der Staat die Ansprüche der Bürger auf Basis des Artikels 2 beispielsweise in Bezug auf die berufliche Arbeit so organisiert, dass die Arbeitgeber für das Leben und die Gesundheit der Arbeitnehmer verantwortlich sind. So muss ein Arbeitgeber „Räume, Vorrichtungen oder Gerätschaften" so einrichten und unterhalten, dass die Arbeitnehmerinnen und Arbeitnehmer vor Gefahren für Leben und Gesundheit bestmöglich geschützt sind. Ähnliche Vorschriften zum Gesundheitsschutz gibt es in fast allen Lebensbereichen.

Das Grundrecht auf Leben und körperliche Unversehrtheit verbietet es auch, Kranken oder Verletzten etwa aus finanziellen Gründen eine Behandlung zu verweigern. Das Strafgesetzbuch bedroht unterlassene Hilfeleistung mit einer Freiheitsstrafe von bis zu drei Jahren.

Trägt der Gesetzgeber aber Verantwortung für die Förderung und Verbesserung der Gesundheit der Bürger? Muss er sie zu Sport und gesunder Ernährung anhalten?

Zu dieser Frage gibt es seit Langem einen Diskurs, in dem die Freiheitsrechte des Einzelnen, die wesentlich seine Lebensweise umfassen, und die Auslegung des Grundrechts auf körperliche Unversehrtheit miteinander in Konflikt stehen.

Kann, darf oder muss der Staat beispielsweise das Rauchen ganz verbieten? Sollen fetthaltige Nahrungsmittel besteuert werden, um ihren Verzehr zu mindern?

„Ein gesunder Geist in einem gesunden Körper" ist ein Ausspruch, der auf den römischen *Satiriker* Juvenal zurückgeht. Ursprünglich war er aber als satirische Anspielung auf römische Mitbürger gemünzt, die hofften, allein mit Fürbitten und Gebeten ihre Gesundheit erhalten zu können. Im Urtext schloss Juvenal einen Satz an, der dem Sinn eine ganz andere Wendung gab: „Beten sollte man darum, dass ein gesunder Geist in einem gesunden Körper sei." Möge Geist einen gesunden Körper auszeichnen!

Die unmenschliche und auch wissenschaftlich unhaltbare Gleichung *gesunder Körper gleich gesunder Geist* ist bis heute Zielscheibe der Kritik von Behindertenverbänden, die in dem vermeintlichen antiken Ideal schon immer die Gefahr erkannt hatten, dass in ihm die folgende Umkehrung mitschwingt: kranker Körper gleich kranker Geist.

In der Behindertenrechtskonvention der Vereinten Nationen findet sich daher folgende Festlegung:

> *Jeder Mensch mit Behinderungen hat gleichberechtigt mit anderen das Recht auf Achtung seiner körperlichen und seelischen Unversehrtheit.*

Die körperliche Unversehrtheit schließt die psychische Unversehrtheit ausdrücklich mit ein.

Historische Darstellung menschlicher „Rassen" im 19. Jahrhundert

„Die Verknüpfung von Merkmalen wie der Hautfarbe mit Eigenschaften oder gar angeblich genetisch fixierten Persönlichkeitsmerkmalen und Verhaltensweisen, wie sie in der Blütezeit des anthropologischen Rassismus verwendet wurden, ist inzwischen eindeutig widerlegt.

Diese Argumentation heute noch als angeblich wissenschaftlich zu verwenden, ist falsch und niederträchtig. Es gibt auch keinen wissenschaftlich nachgewiesenen Zusammenhang zwischen Intelligenz und geographischer Herkunft, aber einen deutlichen mit sozialer Herkunft. Auch hier schafft Rassismus in Form von Ausgrenzung und Diskriminierung die vermeintlichen Rassen. (...)

Der Nichtgebrauch des Begriffes Rasse sollte heute und zukünftig zur wissenschaftlichen Redlichkeit gehören."

Aus der Jenaer Erklärung vom 10. September 2019

5

# Das Gleichheitsprinzip

*Alle Menschen sind vor dem Gesetz gleich.*
(Artikel 3, Absatz 1, Grundgesetz)

Die Gleichheit vor dem Gesetz war eine der zentralen Forderungen schon in der Erklärung der allgemeinen Menschenrechte und Bürgerrechte der Französischen Revolution. Es gehört allerdings zur Wahrheit des geschichtlichen Prozesses, dass das Gleichheitsprinzip für Frauen und für Schwarze Menschen erst sehr viel später durchgesetzt wurden, teilweise Jahrhunderte später.

Im zweiten Absatz des Artikels 3 findet daher das Gleichheitsgebot der Geschlechter eine eigene Formulierung:

*Männer und Frauen sind gleichberechtigt.*
(Artikel 3, Absatz 2, Grundgesetz)

Mit einem 1994 hinzugefügten Satz weist dieses Gleichstellungsgebot aber noch über die reinen Schutzverpflichtungen des Staates hinaus:

*Der Staat fördert die tatsächliche Durchsetzung der Gleichberechtigung von Frauen und Männern und wirkt auf die Beseitigung bestehender Nachteile hin.*
(Artikel 3, Absatz 2, 2. Satz, Grundgesetz)

Der Satz enthält implizit die Aufforderung zu einer Verbesserung der gesellschaftlichen Verhältnisse im Sinne des verfassungsmäßigen Wertesystems. Der Gedanke der kontinuierlichen Verbesserung der Lebensverhältnisse im dauerhaft angelegten demokratischen Prozess wird häufig auch den Staatszielbestimmungen des Grundgesetzes zugeordnet und dient als rechtliche Grundlage von Maßnahmen wie etwa der Quotenregelung.

In entsprechender Weise gibt es Forderungen, den Artikel 3 um weitere explizite Gleichstellungsgebote zu ergänzen, etwa in Hinblick auf die Herkunft, ethnische Zugehörigkeit, auf Alter oder sexuelle Orientierung von Menschen. Dass bislang für diese Ergänzungen keine parlamentarische Zweidrittelmehrheit in Aussicht steht, wird von Gegnern der Vorschläge politisch, aber auch verfassungstheoretisch begründet: die grundsätzliche und allgemeine Formulierung „Alle Menschen sind vor dem Gesetz gleich" schließe alle Gruppen mit ein und sei dadurch sogar weitergehend als die Benennung einzelner Gruppen. Dennoch wird verfassungsrechtlich weiter nach Wegen gesucht, strukturelle und faktische Ungleichheiten in der Gesellschaft deutlicher zu adressieren.

Im Grundgesetz begründet das Gleichheitsprinzip aber schon heute nicht nur ein Abwehrrecht gegen staatliche Willkür oder Diskriminierung von Minderheiten, sondern ist auf die gesamte Gesellschaft und ihre Institutionen anwendbar:

Alle Menschen sind nicht nur vor dem Gesetz gleich zu behandeln, sondern Institutionen und Privatpersonen dürfen ebenfalls keine anderen Menschen wegen ihrer Nationalität, ihrer Hautfarbe, ihrer Religion, ihres Geschlechts, ihrer sexuellen Orientierung oder aus anderen Gründen diskriminieren. Das Allgemeine Gleichbehandlungsgesetz (auch Antidiskriminierungsgesetz genannt) setzt dabei die verfassungsmäßige Garantie des Gleichheitsprinzips in geltende Rechtsvorschriften um.

Das Gleichheitsprinzip aber meint nicht, wie manche annehmen, dass alle Bürger einen Anspruch auf gleiche finanzielle Verhältnisse oder auf eine unterschiedslose Gleichheit hätten, wie sie etwa mit dem Ideal des Kommunismus verknüpft war. Unterschiede bedürfen aber der Begründung und müssen legitimiert sein durch die Normen und Werte des Gesetzes.

So ist es beispielsweise durchaus zulässig, dass eine Arbeitnehmerin aufgrund ihrer Qualifikation einen höheren Lohn erhält oder aus sozialen Gründen (zum Beispiel aufgrund einer Behinderung oder wegen der Anzahl zu versorgenden Kindern) weniger steuerlich belastet wird als ein anderer. Auch haben Staatsbürger andere Rechte als Ausländerinnen oder Ausländer etwa in Bezug auf das Wahlrecht.

Nicht zulässig sind allerdings Benachteiligungen oder Bevorzugungen aufgrund von Geschlecht, Herkunft, Religion oder anderen, sachlich nicht zu begründenden Unterschieden, die einer Diskriminierung gleichkommen.

Heute ist das Gleichheitsprinzip und die Gleichberechtigung der Geschlechter ein grundlegendes Prinzip in fast allen Verfassungen der Welt.

*Niemand darf gegen sein Gewissen zum Kriegsdienst mit der Waffe gezwungen werden.*

Artikel 2, Absatz I, Grundgesetz

6

# Die Glaubens- und Gewissensfreiheit

Die Glaubens- und Gewissensfreiheit ist ein Grund- und Menschenrecht. In der Erklärung der allgemeinen Menschenrechte der Vereinten Nationen findet es sich ebenso wie in der Menschenrechtserklärung der EU und im Grundgesetz.

Die Freiheit, den eigenen Glauben frei wählen zu können, einer Religionsgemeinschaft anzugehören oder diese zu wechseln, sind Aspekte dieses Grundrechts. Ebenso besteht auch die grundgesetzlich geschützte Freiheit, sich von Religionen abzuwenden und eigene, andere Glaubensformen und Überzeugungen zu leben. Dazu gehört der Atheismus ebenso wie jede andere Weltanschauung, die das friedliche Zusammenleben der Menschen nicht gefährdet. Im Artikel 4 des Grundgesetzes heißt es deshalb:

> *Die Freiheit des Glaubens, des Gewissens und die Freiheit des religiösen und weltanschaulichen Bekenntnisses sind unverletzlich.*

Der verbrieften Freiheit von Glauben und Gewissen sind jahrhundertelange Auseinandersetzungen zwischen der katholischen Kirche, revolutionären Bewegungen, aufgeklärten Herrschern, Vertretern der lutherischen Lehre und der europäischen wie der jüdischen Aufklärung (Haskala) vorausgegangen.

Heute kommt es häufiger zu Kontroversen über die konkrete Auslegung der säkularen Verfassungsprinzipien mit Bezug auf Rechtsvorstellungen des konservativen Islam, dessen Regelwerk der Scharia für Muslime theoretisch Vorrang hätte. Im Sinne der Verfassung kann aber keine religiös oder anderweitig begründete Rechtsordnung einen solchen Anspruch erheben.

Die restriktive Auslegung religiöser Lehren, häufig zur Verteidigung von Machtansprüchen, sind aber historisch keineswegs auf den Islam beschränkt.

So gestand der katholische Papst Leo XIII. erst im Jahre 1885 in den Enzyklika *Immortale Dei*, mehr als 350 Jahre (!) nach der Reformation und 150 Jahre nach Beginn der Europäischen Aufklärung, den Gläubigen Gewissensfreiheit zu, wenn auch unter dem dunklen Siegel apokalyptischer Verheißungen: „Dem entsprechend mag dann ein jeder von der Religion halten, was er will, eine nach Gutdünken annehmen, oder auch gar keine, wenn eben keine ihm zusage. Was sich hieraus mit Notwendigkeit ergeben muss, ist klar: das Gewissen ist von jedem objektiven Gesetze entbunden, dem Belieben eines jeden ist es anheimgegeben, ob er Gott verehren will oder nicht; eine grenzenlose Denkwillkür und Zügellosigkeit tritt ein in der Veröffentlichung der Meinungen."

In Deutschland hat sich erst die Weimarer Republik (1918-1933) eine Verfassung gegeben, die den Staat zu weltanschaulicher Neutralität verpflichtete und die ungestörte Religionsausübung garantierte. Mit der Weimarer Reichsverfassung bekam das Verhältnis von Kirche und Staat seine bis heute geltende Fassung.

Neben der Religionsfreiheit und der Glaubensfreiheit ist die Gewissensfreiheit ein garantiertes Grundrecht. Es gewährleistet, dass Menschen nicht gegen ihr eigenes Gewissen zu Handlungen gezwungen werden dürfen, die sie in Gewissensnot bringen.

Auch in der Arbeitswelt können Mitarbeiter ihnen gestellte Arbeitsaufträge verweigern, wenn sie dadurch in Gewissensnöte geraten. Dies gilt in jedem Falle dann, wenn die Arbeitsaufträge selbst gegen Gesetze verstoßen, aber auch, wenn ein Arbeitnehmer durch einen Arbeitsauftrag in persönliche Gewissensnöte kommt. Verlangt beispielsweise ein Kindergartenträger von einer Erzieherin (oder einem Erzieher), Kinder durch soziale Isolation oder Essensentzug zu bestrafen, kann diese einen solchen Auftrag aus Gewissengründen verweigern, ohne dass sich dadurch für den Arbeitgeber ein Recht auf Kündigung oder Abmahnung ergibt.

Umstrittene Fälle im Konfliktbereich zwischen der Glaubens- und Gewissensfreiheit und dem Recht von Arbeitgebern am Arbeitsplatz haben sich in den letzten Jahren gerichtlich wegen des Tragens religiöser Kleidung und Symbole am Arbeitsplatz ergeben.

Ist das Tragen eines religiösen Kopftuches, einer Kippa oder eines Kruzifixes am Arbeitsplatz in jedem Fall durch die Glaubens- und Gewissensfreiheit geschützt, oder kann der Arbeitgeber verlangen, dass an seiner Betriebsstätte keine religiösen Symbole getragen werden sollen?

In einem stark beachteten Urteil („Kopftuch-Urteil") hat der Europäische Gerichtshof hierzu am 13. März 2017 entschieden, dass Arbeitgeber nur unter sehr eng definierten Bedingungen das Tragen von *allen* religiösen Symbolen und Kleidungsstücken am Arbeitsplatz untersagen dürfen. Dies ist nur dann zulässig, wenn es eine mit den Arbeitnehmervertretern vereinbarte religiöse Neutralitätspflicht für das ganze Unternehmen gibt und wenn die betreffenden Mitarbeiterinnen und Mitarbeiter in direktem Kundenkontakt stehen.

Grundsätzlich ist das Grundrecht auf Gewissens- und Religionsfreiheit ein höheres Rechtsgut als das Arbeitsrecht.

Hervorgehoben ist im Grundgesetz die Gewissensfreiheit in Bezug auf die Verweigerung des Kriegsdienstes an der Waffe. Sie ist durch einen eigenen Artikel geschützt (Lex specialis), welcher das Recht auf Kriegsdienstverweigerung begründet und schützt. Bis zum Jahr 1983 wurden hierzu eigens „Gewissensprüfungen" durchgeführt, in denen Kriegsdienstverweigerer ihre Gewissensnot darlegen mussten. Das Verfahren war Gegenstand der Kritik, weil damit auch Persönlichkeitsrechte der Geprüften berührt waren.

Das Recht, sein Gewissen frei entwickeln zu können und ihm auch Ausdruck zu verleihen, bezieht sich aber nicht nur auf das Individuum.

Auch Gruppen von Menschen können sich auf Basis von Weltanschauung und Glauben zusammenschließen und ihre Rechte wahrnehmen.

Gleiches gilt für Gewissensentscheidungen, beispielsweise wenn eine Gruppe von Mitarbeitern in einem Unternehmen sich weigert, am Bau eines Gefängnisses in einer Diktatur mitzuarbeiten.

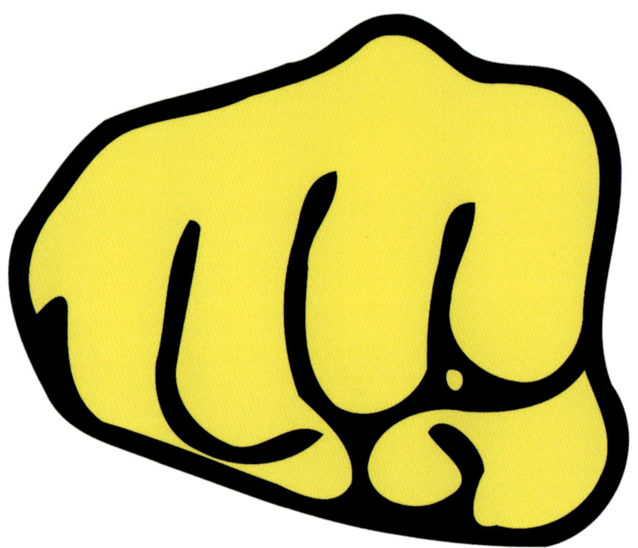

Hass ist keine Meinung!

Mit dem Gesetz zur Bekämpfung des Rechtsradikalismus und der Hasskriminalität verabschiedete der Deutsche Bundestag am 1. September 2017 ein Gesetzespaket, um der Verbreitung von Beleidigungen, Mordaufrufen und Hetze in den Sozialen Netzwerken entgegenzuwirken.

Die Abgrenzung von Hass und Hetze gegenüber dem geschützten Recht auf freie Meinungsäußerung wurde als notwendig erachtet, um der Verrohung der ausgeübten Meinungsfreiheit durch Gewaltandrohungen und bewusster Falschinformation zu begegnen und um Menschen vor deren Folgen zu schützen.

7

# Das Recht auf freie Meinungsäußerung

„Die Gedanken sind frei" lautet der Refrain eines bekannten deutschen Volksliedes, dessen Wurzeln bis ins frühe Mittelalter zurückreichen. Über Jahrhunderte wurde es immer wieder sprachlich angepasst und leicht verändert; der Sinn des Refrains und dessen Wortlaut waren aber immer fast wortgetreu erhalten geblieben. Nach der gescheiterten Revolution 1848 wurde es zu einem populären Protestlied, unter den Nationalsozialisten war es verboten, während der Friedlichen Revolution in der ehemaligen DDR wurde es gesungen.

Tatsächlich kann bis heute auch die repressivste Diktatur Gedanken nicht kontrollieren, allenfalls manipulieren. Sie sind frei. Selbst Neurotechnologien ermöglichen bisher noch keine substanzielle Gedankenkontrolle. Mit dem Fortschreiten der Technologie könnte die Freiheit der Gedanken aber tatsächlich infrage gestellt werden. „Die Gedanken sind frei" hat noch keine Schutzgarantie.

Das Recht auf freie Meinungsäußerung dagegen ist ein international anerkanntes Menschenrecht. In vielen Ländern wird es jedoch von Autokraten und Diktatoren missachtet. Wer dort politische Kritik äußert oder die etablierte Macht infrage stellt, wird von der staatlichen Gewalt nicht mehr geschützt. Berufsverbote, Inhaftierungen, Lagerhaft und Folter sind dann an der Tagesordnung.

Das Grundgesetz schützt das Recht auf freie Meinungsäußerung im Artikel 5:

> *Jeder hat das Recht, seine Meinung in Wort, Schrift und Bild frei zu äußern ...*

Die Meinungsfreiheit ist nur dort begrenzt, wo Drohungen, Verleumdungen, Beleidigungen und Verunglimpfungen andere Menschen entwürdigen.

Entsprechend ist es beispielsweise durchaus zulässig, wenn jemand sagt „Ich halte Impfungen gegen Corona für gefährlich", nicht aber „Impfärzte sind Mörder".

Auch rassistische Verunglimpfungen sind durch die Meinungsfreiheit nicht gedeckt, weil sie anderen Menschen ihre Grundrechte absprechen. Deshalb ist „Hetze" auch kein unscharfer Begriff, sondern bezieht sich nur auf Äußerungen, die die Grundrechte anderer Menschen angreifen oder deren Menschenwürde verletzen.

Erklärte Gegner der freiheitlichen Verfassung missdeuten oder missbrauchen häufig das Recht auf freie Meinungsäußerung, um Grundrechte anderer Menschen infrage zu stellen und brandmarken dann die rechtlichen Konsequenzen ihrer Hetze als „Zensur". Zensur aber meint etwas anderes: Sie dient der Unterdrückung von Meinungen und Informationen durch den unzulässigen Eingriff in die Pressefreiheit.

Zensur ist ebenfalls im Artikel 5 ausdrücklich ausgeschlossen:

> *Eine Zensur findet nicht statt.*

Ähnlich wie bei der Formulierung „Die Würde des Menschen ist unantastbar" hat dieser Aussagesatz imperativen (auffordernden) Charakter. Er meint: Eine Zensur ist unter keinen Umständen zulässig und mit dem Grundgesetz unvereinbar.

Autoritäre Strömungen versuchen seit jeher, statt der Meinungsvielfalt die Idee einer „Volksmeinung" zu etablieren, die sich aus dem Hass auf bestimmte Gruppen und Minderheiten speist. Eine solche Strategie zielt darauf ab, unter Ausnutzung der verfassungsmäßigen Ordnung diese zu unterminieren. Die Meinungsfreiheit wird instrumentalisiert, um sie selbst langfristig zu beseitigen.

Ein Autokrat hatte einmal formuliert: „Die Demokratie ist uns nur ein Instrument, wie eine Straßenbahn, auf die wir aufsteigen, um im geeigneten Moment abzuspringen."

Das Grundgesetz schützt die Verfassungsordnung vor dem Missbrauch der Meinungsfreiheit durch den Straftatbestand der Volksverhetzung. Damit folgt der Gesetzgeber seiner verfassungsmäßigen Verpflichtung, die freiheitliche Ordnung zu schützen und zu verteidigen.

Autoritäre Ansprüche sind meist daran zu erkennen, dass ihre Wortführer nicht subjektbezogen formulieren wie „Wir meinen" oder „Aus unserer Sicht stellt sich dar…", sondern in der dritten Person behaupten „Das Volk meint", „Die Mehrheit denkt,…" oder „Die Wahrheit ist…" Kritikerinnen oder Kritiker dieser Behauptungen werden dann schnell als „Lügner", „Volksverräter" oder „Vasallen" gebrandmarkt.

Volksverhetzung ist eine Straftat nach dem Strafgesetzbuch (§130) und droht demjenigen Strafe an, der „gegen eine nationale, rassische, religiöse oder durch ihre ethnische Herkunft bestimmte Gruppe, gegen Teile der Bevölkerung oder gegen einen Einzelnen wegen seiner Zugehörigkeit zu einer vorbezeichneten Gruppe oder zu einem Teil der Bevölkerung zum Hass aufstachelt, zu Gewalt- oder Willkürmaßnahmen auffordert (...)."

Der Straftatbestand der Volksverhetzung bedeutet somit keine Unterdrückung Andersdenkender, keine Zensur oder Beschneidung der Meinungsfreiheit, sondern er ergibt sich aus dem Rahmen einer Verfassung, welche weltweit anerkannte Menschen- und Bürgerrechte schützt. Hetze ist keine Meinung.

Am 1. April 2021 trat in Deutschland das Gesetzespaket zur Bekämpfung des Rechtsextremismus und der Hasskriminalität in Kraft, mit dem Menschen im Internet vor Hassäußerungen, Beleidigungen, Diffamierungen und Morddrohungen besser geschützt werden sollen. Seit Februar 2022 müssen „Soziale Netzwerke" Mord- und Vergewaltigungsdrohungen und andere schwere Hassdelikte nicht mehr nur löschen, sondern auch dem Bundeskriminalamt melden.

Auch auf europäischer Ebene einigten sich die Mitgliedsländer und das EU-Parlament im April 2022 auf eine neue Richtlinie, mit der Kriegspropaganda, Lügen, Hass und Hetze im Internet wirksamer bekämpft werden sollen.

Den Verfassungsgrundsätzen nach wirft jede Einschränkung der Meinungsfreiheit höchst problematische Fragen der Abgrenzung auf. Was ist noch Kritik und wo beginnt Diffamierung?

Auch im Sinne der Unteilbarkeit der Menschenrechte sind Eingriffe in das Recht auf freie Meinungsäußerung sehr problematisch.

Das Grundgesetz zieht die Grenzen des Rechts auf freie Meinungsäußerung daher sehr weit und schließt lediglich klar umrissene Konfliktfelder aus: die Weitergabe geheimer Informationen, den Jugendschutz, die öffentliche Sicherheit, die generelle Loyalitätspflicht gegenüber dem Arbeitgeber und das Verbot im freien Wettbewerb Konkurrenten herabzuwürdigen. Unbestritten ist aber unter Verfassungsrechtlern auch, dass die Verletzung der Menschenwürde, die Herabwürdigung und Beleidigung von Menschen, deren Bedrohung und Diffamierung, ihre Verleumdung und diskriminierende Verächtlichmachung nicht durch das Recht auf freie Meinungsäußerung gedeckt sind. Dies gilt für Äußerungen im Netz wie in herkömmlichen Zusammenhängen.

Das Recht auf freie Meinungsäußerung steht für eine Gesellschaft, in der jeder Mensch sich ausdrücken und am gesellschaftlichen Leben teilhaben kann. Eine Verrohung der Kommunikation im Netz wirkt dieser entgegen, indem sie Einschüchterung, Angst und Hass erzeugt. Der Gesetzgeber ist daher in der Pflicht, dieser Verrohung im Sinne des Schutzes der Menschenwürde entgegenzuwirken. Die Meinungsfreiheit ist kein Vorrecht, das der Staat gewähren würde, sondern ein Naturrecht des Menschen, das der Staat zu schützen hat.

Im Ranking der Pressefreiheit, das jährlich von der Organisation „Journalisten ohne Grenzen" mittels Zielgruppenbefragungen und Erhebungen ermittelt wird, stand die Bundesrepublik 2022 im weltweiten Vergleich auf dem 16. Platz. Dies bedeutete einen Abstieg um 2 Plätze, die mit den sich häufenden Angriffen auf Journalistinnen und Journalisten während der Demonstrationen gegen die Corona-Maßnahmen erfolgt waren.

Zum Vergleich: Die Volksrepublik China nimmt den 177. Platz im internationalen Ranking der Pressefreiheit ein.

# 8

# Die Pressefreiheit

> *Eine Zensur findet nicht statt.*
> (Artikel 5, Absatz 1, Grundgesetz)

Die Pressefreiheit ergibt sich aus dem Recht auf freie Meinungsäußerung und schützt die Arbeit von Medienschaffenden, online wie offline, im Druck, im Radio, im Fernsehen und in jeder anderen Form der Publikation.

Die Arbeit von Journalistinnen und Journalisten darf nicht behindert werden. Auch Tweets und Äußerungen auf Internetplattformen sind Publikationen. Sie sind frei, sofern sie keine Falschbehauptungen über andere Personen, Verleumdungen, Diskriminierungen, Herabsetzungen und Beleidigungen verbreiten.

Das Grundgesetz hält deutlich fest, dass in Deutschland keine Zensur stattfinden darf. Zensur würde Einfluss nehmen auf Inhalte und Meinungen und diese nach bestimmten Vorgaben kürzen, löschen oder verbieten.

Pressefreiheit aber bedeutet nicht nur das Ausschließen staatlicher Zensur, sondern auch das Recht von Journalisten, Medienschaffenden und ihren Institutionen, ungehindert arbeiten zu können. Sie kann durch den Staat, aber ebenso durch andere Akteure gefährdet sein.

Das Presserecht regelt, welcher Informationszugang und welche Arbeitsmöglichkeiten Journalistinnen und Journalisten gewährt werden müssen. Öffentliche Einrichtungen haben beispielsweise eine Auskunftspflicht gegenüber journalistischen Anfragen. Parteien sind verpflichtet, einen diskriminierungsfreien Zugang für Journalisten zu ermöglichen, da ihre Veranstaltungen von öffentlichem Interesse sind. Das Presserecht erlaubt auch jederzeit die Herausgabe neuer Publikationen und die Gründung neuer Medienunternehmen. Es bestimmt zudem, welchen Sorgfaltspflichten Medienschaffende und Nachrichtenagenturen bei der Recherche genügen müssen.

Die journalistische Sorgfaltspflicht ist ein Grundsatz des Medienrechts, der in den Pressegesetzen der Länder rechtlich verankert ist.

Auf deren Basis wurde beispielsweise im Jahre 2019 eine öffentlich-rechtliche Rundfunkanstalt zu Schadenersatz verurteilt, da sie in einem Fernsehbeitrag einen Gastwirt in die Nähe der italienischen Mafia gerückt hatte, ohne dass dafür nachweisbare Gründe vorgelegen hätten. Das Gericht sah die Persönlichkeitsrechte des Gastwirts als verletzt an und beanstandete die Verletzung der journalistischen Sorgfaltspflicht durch den Sender. Dem Geschädigten wurde das Recht auf eine Entschädigung und auf eine öffentliche Gegendarstellung zugesprochen.

In anderer Weise aber wird die journalistische Sorgfaltspflicht verletzt, wenn staatliche Medien autoritärer Staaten im Auftrag ihrer Regierungen systematisch versuchen, Einfluss auf das politische Geschehen in Deutschland zu nehmen: Staatliche Kriegspropaganda, Desinformation und Hetze sind durch die Pressefreiheit nicht gedeckt. Sie entsprechen nicht der journalistischen Sorgfaltspflicht und verletzen mit manipulativen Falschbehauptungen („fake news") fundamentale Rechtsgüter des Grundgesetzes.

Der Einsatz von Desinformation als Waffe im politischen Kampf ist dabei kein neues Phänomen:

Die ehemalige DDR beschäftigte in den Achtzigerjahren des letzten Jahrhunderts eine ganze Abteilung der Staatssicherheit mit der Aufgabe zur Desinformation unter dem Code-Begriff „aktive Maßnahmen". Ihr dienstlicher Auftrag war ganz offiziell „die bewusste Verbreitung grundsätzlich oder teilweise unwahrer Information durch Wort, Schrift, Bild oder Handlungen, mit dem Ziel, Aktivitäten und Kräfte des Feindes in dem Ministerium für Staatssicherheit genehme Richtungen zu lenken bzw. diese Kräfte zu verunsichern oder zu lähmen."

Es gibt hinreichende Belege dafür, dass autoritär geführte Staaten und auch extremistische Gruppierungen heute mit ähnlichen Methoden arbeiten.

„Alle Religionen, Künste und Wissenschaften sind Zweige des gleichen Baums. All ihr Streben richtet sich darauf, das Leben des Menschen zu veredeln, um es aus der Sphäre der bloßen physischen Existenz herauszuheben und den Einzelnen hinauszuführen zur Freiheit".

Albert Einstein
(14. März 1879 - 18. April 1955)
Deutsch-amerikanischer Physiker und Nobelpreisträger

9

# Die Kunst- und Wissenschaftsfreiheit

Die Frage, was Kunst sei, beschäftigt Menschen seit der Antike. Selbst diese Aussage bleibt aber diskutabel, da die Frage nach dem Wesen der Kunst aus anthropologischer Sicht bereits im Moment der Trennung von Kunst und religiös-rituellem Ritus aufgekommen sein könnte. Es gibt keine objektive, dauerhafte Bestimmung dessen, was Kunst ist.

Kein Gericht in Deutschland darf sich daher anmaßen, die Frage zu beurteilen, was Kunst sei und was nicht. Die Entgrenzung der Bedeutung von Kunst gehört zu dieser selbst und war zeitweise das wegweisende Gebot aktueller Kunstauffassung. Aber unabhängig davon, ob Künstlerinnen und Künstler Entgrenzung, Enttabuisierung und Provokation als Mittel einsetzen oder nicht, selbst wenn der inszenierte Schock allein kommerzielle Gründe hätte: Jede Kunst genießt Kunstfreiheit. Künstlerinnen und Künstler haben das Recht, frei zu arbeiten.

Es obliegt nicht der Judikativen zu urteilen, was Kunst ist. Der Staat und die Gerichtsbarkeit haben aber den Auftrag, die Freiheit der Kunst zu schützen. Dafür wurden aus Anlass verschiedener Gerichtsurteile Kunstbegriffe ins Spiel gebracht, an denen sich bis jetzt Gerichte allein aus praktischen Gründen orientieren, ohne von ihnen als Festlegungen im Sinne einer Kunstdefinition auszugehen:

Der *formale Kunstbegriff* ist sehr eng gefasst und bezieht sich auf Gemälde, Theaterstücke oder andere klassische Ausdrucksweisen der Kunst. Er würde aber beispielsweise Bereiche der digitalen, netzbasierten Kunst nicht einbeziehen.

Der *materielle Kunstbegriff* hingegen ist wesentlich weiter gefasst und besagt nur, dass Kunst „die freie schöpferische Gestaltung ist, in der Eindrücke, Erfahrungen und Erlebnisse des Künstlers durch das Medium einer bestimmten Formensprache zu unmittelbarer Anschauung gebracht werden".

Das Bundesverfassungsgericht hat zudem den *offenen Kunstbegriff* für seine Praxis herangezogen. Dieser versteht Kunst in der Weise „dass es wegen der Mannigfaltigkeit ihres Aussagegehalts möglich ist, der Darstellung im Wege einer fortgesetzten Interpretation immer weiter reichende Bedeutung zu entnehmen, so dass sich eine praktisch unerschöpfliche, vielstufige Informationsermittlung ergibt."

Mit dieser Sicht wurde auch deutlich gemacht, dass es nicht Sache des Staates oder der Gerichtsbarkeit ist, zu bestimmen, wann ein Kunstwerk beispielsweise sittlich oder moralisch zu anstößig sei, um Kunst zu sein.

Die einzige Einschränkung, der die Kunstfreiheit unterliegt, ist der Schutz der Menschenwürde und der mit ihr verbundenen Grundrechte, wobei auch diese künstlerisch thematisiert werden können.

Die Kunstfreiheit ist ein unumschränktes Grundrecht. Künstlerinnen und Künstler, Kunstvermittler, Verleger, Autoren, Filmproduzenten und andere mit künstlerischen Arbeiten Befasste können sich auf die Kunstfreiheit berufen. Da es aber keine Beschränkung der Grundrechtsträger gibt, kann sich im Prinzip jeder Mensch darauf berufen.

Der fünfte Artikel des Grundgesetzes sichert ebenso der Wissenschaft und mit ihr der Freiheit von Lehre und Forschung eine Freiheitsgarantie zu:

Kunst und Wissenschaft, Forschung und Lehre sind frei.

Die Freiheit der Wissenschaft, Forschung und Lehre sind ebenfalls ein Grundrecht. Es ist ein zusammenhängendes Grundrecht, das sich nicht in seine drei Aspekte aufteilen lässt, sondern Forschung und Lehre als Teil der Wissenschaft betrachtet. Wissenschaft ist dabei vom

Bundesverfassungsgericht definiert worden als „jede Tätigkeit, die nach Inhalt und Form als ernsthafter planmäßiger Versuch zur Ermittlung der Wahrheit anzusehen ist".

Damit bezieht sie sich auf alle Disziplinen und Bereiche der Wissenschaft, beispielsweise auch auf jene der experimentellen Philosophie oder der „Grenzwissenschaften", deren Wissenschaftscharakter von anderen Institutionen bezweifelt wird.

Auch die forschende Tätigkeit jenseits der etablierten Wissenschaftsinstitutionen ist durch die Wissenschaftsfreiheit geschützt. Der Staat darf für sich nicht in Anspruch nehmen, darüber zu befinden, was im wissenschaftlichen Sinne wahr oder falsch ist. Allerdings schützen Rechtsvorschriften die Rolle wissenschaftlicher Institutionen und die akademische Legitimation von Wissenschaftlerinnen und Wissenschaftlern. Auch entbindet die Wissenschaftsfreiheit ausdrücklich nicht von der Treue zur Verfassung, sodass wissentliche Unwahrheiten oder Falschbehauptungen nicht mit der Wissenschaftsfreiheit begründet werden können. Nicht jeder kann zum Beispiel behaupten, ein selbst entwickeltes Medikament schütze wissenschaftlich nachweisbar vor dieser oder jener Krankheit.

Die anhaltende Kontroverse zwischen „Schulmedizin" und „Alternativmedizin" zeigt, wie erbittert der Kampf um die Grenzen der Wissenschaftsfreiheit zuweilen geführt wird. Im Zweifel schützt das Grundgesetz aber jede Form der Forschung und wissenschaftlichen Betätigung, die nicht gegen die Normen des Grundgesetzes verstößt.

Auf dem Gebiet der Medizin und der Biowissenschaften ist die Aufgabe, Grenzen der Forschungsfreiheit zu bestimmen, immer schwieriger geworden.

Moderne Medizin und Biotechnologien verändern die Arzt-Patient-Beziehung, die medizinische Praxis und das gesamte Gesundheitssystem. Selbst das Verständnis von Leben, Krankheit und Tod ist auf dem Weg, ein anderes zu werden.

Moderne Wissenschaft schafft neue Handlungsoptionen und damit auch neue Entscheidungszwänge, sie hat Einfluss auf Rollenerwartungen, auf die Zukunft der Arbeit, auf die Verteilung von Ressourcen oder auf die Chancen von Regionen.

Die mit ihr verbundenen direkten und indirekten Folgen können nur in transdisziplinärer Zusammenarbeit erkannt, analysiert und in den gesellschaftlich-politischen Prozess eingebunden werden. Dafür ist die Freiheit von Wissenschaft, Lehre und Forschung unabdingbare Grundlage.

„Ein Kind ist nicht Gegenstand elterlicher Rechtsausübung, sondern Rechtssubjekt und Grundrechtsträger. Eltern sind verpflichtet, ihr Handeln am Wohl des Kindes auszurichten."

Grundsatzentscheidung des Bundesverfassungsgerichts vom 1. April 2008

10

# Der Schutz von Ehe und Familie

Kaum eines der weltweit anerkannten Menschenrechte trägt so viel Konfliktpotenzial in sich wie der Schutz von Ehe und Familie. Obgleich der Schutz der kleinsten Einheiten menschlichen Zusammenlebens in fast allen Kulturen einen hohen Stellenwert hat, führen unterschiedliche Rollenerwartungen, religiöse Vorstellungen und dominierende Machtkonstellationen nach wie vor zu Auseinandersetzungen zwischen Gemeinschaften und politischen Akteuren. Dies gilt auch für die Debatte in der Bundesrepublik.

Handelt es sich bei der Ehe um eine soziale Institution oder um eine Lebensform? Ist die Kleinfamilie die „natürliche Keimzelle" der Gesellschaft, oder stehen „Patchwork"-Konstellationen gleichberechtigt neben ihr? Werden Kinder als Rechtssubjekte ausreichend gewürdigt? Welche Grundrechte können Familien auch über Grenzen hinweg geltend machen?

Während die Menschenrechtsdeklaration der Vereinten Nationen das Wesen von Ehe und Familie noch klar als Institution begreift („Die Familie ist die natürliche Grundeinheit der Gesellschaft und hat Anspruch auf Schutz durch Gesellschaft und Staat.") gewährt die Formulierung des Grundgesetzes eine etwas breitere Auslegung der Begriffe:

> *Ehe und Familie stehen unter dem besonderen Schutze der staatlichen Ordnung.*
> (Artikel 6, Absatz 1, Grundgesetz)

Die Verfasserinnen und Verfasser des Grundgesetzes hatten sich bewusst einer definierenden Festschreibung der Rolle von Ehe und Familie in der Gesellschaft enthalten. Es wurde auch keine explizite Definition der Ehe als Gemeinschaft von Mann und Frau formuliert.

Die Protokolle der Beratungen des Parlamentarischen Rats vor der Niederschrift der Grundgesetzartikel im Jahr 1949 zeigen, dass sich die Mitglieder des Gremiums bewusst darüber waren, dass alle Formen des gesellschaftlichen Zusammenlebens einem beständigen Wandel unterliegen. Statt starre Festlegungen zu treffen, die eine historische Dynamik im Sinne einer humanen Gesellschaftsentwicklung beschränken könnten, wurden bewusst Formulierungen gewählt, durch welche Werte und Normen im Kern zwar klar bestimmt, ihre Auslegungsmöglichkeiten aber entlang gesellschaftlicher Entwicklungen im Sinne des Grundgesetzes offengehalten wurden.

Dieser historischen Dynamik entspricht die Rechtsprechung des Bundesverfassungsgerichts, in welcher soziokulturelle Veränderungen berücksichtigt werden können.

So lehnten die Verfassungsrichter in einem mittlerweile historischen Grundsatzurteil vom 17. Juli 2002 eine grundgesetzliche Gleichstellung der Eingetragenen Lebenspartnerschaft von gleichgeschlechtlichen Paaren mit der Ehe zwar ab mit der Begründung, dass das Grundgesetz von dem „Wesensmerkmal der Verschiedengeschlechtlichkeit der Partner ausgeht". Sie stellten aber gleichzeitig in einer Randbemerkung zu dem Urteil (Nr. 87) fest:

„Das Grundgesetz selbst enthält keine Definition der Ehe, sondern setzt sie als besondere Form menschlichen Zusammenlebens voraus. Die Verwirklichung des verfassungsrechtlichen Schutzes bedarf insoweit einer rechtlichen Regelung, die ausgestaltet und abgrenzt, welche Lebensgemeinschaft als Ehe den Schutz der Verfassung genießt. Der Gesetzgeber hat dabei einen erheblichen Gestaltungsspielraum, Form und Inhalt der Ehe zu bestimmen."

Mit der gesetzgeberischen Verwirklichung der „Ehe für alle" am 20. Juli 2017 wurde fast auf den Tag genau fünfzehn Jahre nach diesem Grundsatzurteil durch eine Ergänzung im Bürgerlichen Gesetzbuch (§ 1353 BGB) die Eingetragene Lebenspartnerschaft gleichgeschlechtlicher Paare endgültig mit der Ehe gleichgestellt und gleichgeschlechtlichen Paare die Eheschließung ermöglicht. Dazu bedurfte es nur zwei weiterer Worte im bestehenden Gesetzestext:

> *Die Ehe wird von zwei Personen verschiedenen oder gleichen Geschlechts auf Lebenszeit geschlossen.*
> (§ 1353 BGB, Absatz 1)

Mit dem Inkrafttreten dieses Gesetzes zur Einführung des Rechts auf Eheschließung für Personen gleichen Geschlechts („Ehe für alle") am 1. Oktober 2017 wurde die Institution „Eingetragene Lebenspartnerschaft" hinfällig und die vollständige rechtliche Gleichstellung gleichgeschlechtlicher Eheschließungen endgültig umgesetzt. Diese schließt auch das Recht auf die Adoption von Kindern mit ein.

Trotz dieser symbolisch wie rechtlich historischen Zäsur werden zu anderen familienbezogenen Themen, wie etwa zur Situation und Rolle von Vätern, zum Status von nicht-formalen Familienkonstellationen im Gesetzeswerk oder zur Teilhabe von Kindern am politischen Prozess weiterhin gesellschaftliche Kontroversen ausgetragen.

Manche Akteure gewichten beispielsweise die Kompetenz qualifizierter Pädagoginnen und Pädagogen höher als die Rolle der leiblichen Eltern und ziehen entsprechend andere Schlüsse für ihre Vorschläge zur Entwicklung des Bildungssystems als jene, die die Familie als Keimzelle der Gesellschaft verstehen, welche vor einer zu starken Einflussnahme des Staates geschützt werden müsse.

Während einige Parteien entsprechend die Ganztagesbetreuung von Kindern stärker fördern und Teile der elterlichen Erziehungsrechte und -pflichten noch mehr durch schulische und außerfamiliäre Erziehungsangebote erweitern möchten, setzen sich andere eher für die finanzielle Förderung der Familie ein. Dieser Unterschied setzt sich fort in den verschiedenartigen Konzepten zur Besteuerung von Verheirateten und Familien.

Es ist unbestritten, dass die Autorinnen und Autoren des Grundgesetzes, auch aus der historischen Perspektive seiner Entstehungszeit heraus, mit dem Schutz von Ehe und Familien in erster Linie ein Abwehrrecht gegenüber den Ansprüchen des Staates im Blick hatten. Ehen und Familien sollten geschützt sein vor staatlichem Eingriff und autoritärer Macht. Die Elternrechte wurden daher besonders betont. Im Artikel 6 des Grundgesetzes finden Kinder bislang nur als Subjekte der Pflege und Erziehung durch die Eltern Berücksichtigung:

> *Pflege und Erziehung der Kinder sind das natürliche Recht der Eltern und die zuvörderst ihnen obliegende Pflicht.*
> (Artikel 6, Absatz 2, Grundgesetz)

Kinderrechtsorganisationen fordern, dass im Grundgesetz Kinderrechte expliziter berücksichtigt und formuliert werden sollten.
Sie verweisen dabei auf die Internationale Kinderrechtskonvention der Vereinten Nationen, die seit dem Jahr 1990 Gültigkeit hat und Kindern eine weit zentralere Rolle im gesellschaftlichen und politischen Entwicklungsprozess zusichert, als dies in der deutschen Verfassung verankert ist. Folgende Formulierungen haben das Deutsche Kinderhilfswerk, UNICEF und weitere Organisationen für die Aufnahme ins Grundgesetz vorgeschlagen:

„Jedes Kind hat das Recht auf Förderung seiner körperlichen und geistigen Fähigkeiten zur bestmöglichen Entfaltung seiner Persönlichkeit."

„Die staatliche Gemeinschaft achtet, schützt und fördert die Rechte des Kindes. Sie unterstützt die Eltern bei ihrem Erziehungsauftrag."

„Jedes Kind hat das Recht auf Beteiligung in Angelegenheiten, die es betreffen. Seine Meinung ist entsprechend seinem Alter und seiner Entwicklung in angemessener Weise zu berücksichtigen."

„Dem Kindeswohl kommt bei allem staatlichen Handeln, das die Rechte und Interessen von Kindern berührt, vorrangige Bedeutung zu."

## Wahlrecht schon ab 16 Jahren?

Um das Wahlalter auf 16 Jahre herabzusenken, müsste das Grundgesetz geändert werden. Damit es dazu kommt, müssen mindestens zwei Drittel der Abgeordneten im Bundestag der Änderung zustimmen. Zuletzt hat das Parlament im Mai 2021 einen Gesetzesentwurf abgelehnt, mit dem das Wahlalter auf 16 Jahre herabgesetzt werden sollte. Bei der Bundestagswahl können weiterhin nur Menschen über 18 Jahren abstimmen.

11

# Das Wahlrecht

Das allgemeine, freie, unmittelbare, gleiche und geheime Wahlrecht in Deutschland garantiert allen (Staats-) Bürgerinnen und Bürgern das Recht, bei Bundestagswahlen, Landtagswahlen, Europawahlen und Kommunalwahlen eine Partei und die Kandidatinnen und Kandidaten ihres Vertrauens zu wählen. Dieses nennt sich das aktive Wahlrecht. Es beinhaltet auch das Recht, sich über die Programme und Ziele der Parteien und Kandidaten informieren zu können und am Meinungsbildungsprozess teilzunehmen.

Jeder Bürger kann einer Partei beitreten, auch EU-Bürgerinnen und – Bürger in Deutschland (und in vielen Parteien auch Menschen aus Nicht-EU-Ländern). Allerdings dürfen EU-Bürger nur an Kommunalwahlen und Europawahlen teilnehmen. Nicht-EU-Bürger dürfen bislang nicht an Wahlen in Deutschland teilnehmen.

Das Wahlrecht sieht neben dem Zugang zu freien und geheimen Wahlen auch vor, dass jeder Bürger innerhalb von Parteien und auch unabhängig von ihnen für politische und öffentliche Ämter kandidieren kann.

Diesen Aspekt des Wahlrechts nennt man das passive Wahlrecht.

Der Begriff des passiven Wahlrechts ist vielen Menschen weniger geläufig als das aktive, obwohl gerade das passive Wahlrecht die Teilnahme am politischen Prozess viel stärker befördert. Demokratie lebt von aktiver Teilhabe und Mitgestaltung.

Der *Vertrag über die Arbeitsweise der Europäischen Union* gewährleistet in Artikel 21 „jedem Unionsbürger das Recht, sich im Hoheitsgebiet der Mitgliedstaaten vorbehaltlich der in den Verträgen und in den Durchführungsvorschriften vorgesehenen Beschränkungen und Bedingungen frei zu bewegen und aufzuhalten."

Artikel 45 gewährleistet allen Bürgerinnen und Bürgern in der EU das Recht auf die freie Wahl des Wohn- und Arbeitsortes.

Die Freizügigkeit umfasst „die Abschaffung jeder auf der Staatsangehörigkeit beruhenden unterschiedlichen Behandlung der Arbeitnehmer der Mitgliedstaaten in Bezug auf Beschäftigung, Entlohnung und sonstige Arbeitsbedingungen".

12

# Die elementaren Bürgerrechte

Klassische Bürgerrechte sind das Wahlrecht, die Freiheit, sich zu versammeln, Vereinigungen zu gründen, zu reisen und sich frei niederzulassen.

Bürgerrechte sind Grundrechte. Im engeren Sinne stehen sie nur Staatsbürgerinnen und Staatsbürgern zu. Aufgrund entsprechender Bundesgesetze haben sie aber in Deutschland wie in allen EU-Staaten auch für legal im Bundesgebiet lebende Ausländerinnen und Ausländer Geltung. Eine Ausnahme stellt das Wahlrecht dar.

Dieses steht nur deutschen Staatsbürgern zu. Lediglich auf kommunaler Ebene und bei Europawahlen haben auch Staatsbürger aus EU-Mitgliedsländern, die in Deutschland leben, Wahlrecht.

Bürgerrechte sind im Grundgesetz meist dadurch erkennbar, dass sie einleitend mit dem Halbsatz beginnen „Alle Deutschen haben das Recht ..."

Artikel 11 garantiert in diesem Sinne:

> *Alle Deutschen genießen Freizügigkeit im ganzen Bundesgebiet.*

Darüberhinaus genießen aber alle EU-Bürger im gesamten Gebiet der Europäischen Union Niederlassungsfreiheit, dürfen also innerhalb der EU leben, wo sie möchten.

In der Bundesrepublik ist es spätestens seit der Wiedervereinigung 1990 eine Selbstverständlichkeit, dass man reisen und sich niederlassen kann, wo man möchte.

Bürger der ehemaligen DDR hatten in dieser Hinsicht noch Restriktionen erlebt, die für viele prägend waren hinsichtlich des Vertrauens in den Staat und seine Organe.

Das Recht, sich öffentlich zu versammeln und Vereinigungen zu gründen, ob zum Zwecke politischer Willensbekundung oder aus anderen Gründen, ist ein Grundrecht, das bereits in der ersten Erklärung der Menschenrechte während der Französischen Revolution niedergelegt wurde und sich auch im Grundgesetz wiederfindet:

> *Alle Deutschen haben das Recht, sich ohne Anmeldung oder Erlaubnis friedlich und ohne Waffen zu versammeln.*
> (Artikel 8, Absatz 1, Grundgesetz)

Auch die Erklärung der Allgemeinen Menschenrechte der Vereinten Nationen legt in Artikel 20 fest, dass jedem das Recht zusteht, sich zu friedlichen Zwecken mit anderen zu versammeln (Versammlungsfreiheit).

Darüber hinaus gewährleistet Artikel 20 das Recht, sich zu Vereinigungen zusammenzuschließen (positive Vereinigungsfreiheit), wie auch das Recht, einer Vereinigung fern zu bleiben (negative Versammlungsfreiheit).

Entsprechend der internationalen Geltung der bürgerlichen Grundrechte sind diese auch in Deutschland durch Bundesgesetze für alle legal in Deutschland lebenden Menschen geschützt.

In Westeuropa wissen nur wenige Menschen, dass die *Grundfreiheiten* über Jahrhunderte vielen Menschen verwehrt waren. Die Bürgerbeteiligung beim Schutz, bei der Deutung und bei der Weiterentwicklung der Bürgerrechte ist entscheidend für den Erhalt und die Fortentwicklung der Demokratie. Ihre Basis ist eine aktive Zivilgesellschaft.

Die Frage nach den Möglichkeiten, wie *real* bürgerliche Grundfreiheiten und Grundrechte tatsächlich gelebt werden können, wächst seit geraumer Zeit aber immer weiter über ihre rechtlichen Zusammenhänge hinaus: Stichworte dazu sind die Gentrifizierung, die durch extreme Mietpreisentwicklungen in den Metropolen immer mehr Menschen aus ihrem angestammten Lebensumfeld verdrängen oder die als Einschränkung der Niederlassungsfreiheit erlebten Bestimmungen der Sozialgesetzgebung.

Zu den Grundfreiheiten im Sinne der Bürgerrechte gehört auch Artikel 11 im Grundgesetz:

> *Alle Deutschen haben das Recht, Beruf, Arbeitsplatz und Ausbildungsstätte frei zu wählen.*
> (Artikel 11, Absatz 1, Grundgesetz)

Dieses Recht wird als Berufsfreiheit bezeichnet.

*Niemand darf zu einer bestimmten Arbeit gezwungen werden, außer im Rahmen einer herkömmlichen allgemeinen, für alle gleichen öffentlichen Dienstpflicht.*

Artikel 12, Absatz 2, Grundgesetz

13

# Die Berufsfreiheit

*Niemand darf zu einer bestimmten Arbeit gezwungen werden, außer im Rahmen einer herkömmlichen allgemeinen, für alle gleichen öffentlichen Dienstleistungspflicht.*
(Artikel 12, Absatz 2, Grundgesetz)

Die im Grundgesetz garantierte Berufsfreiheit ist ein Freiheitsrecht, das den Einzelnen vor der Beschränkung seiner beruflichen Betätigung durch den Staat schützt.

Damit ist das Bürgerrecht auf Berufsfreiheit in erster Linie ein „Abwehrrecht" gegen den Staat und kein „soziales Recht" im Sinne eines Leistungsanspruchs.

Hat beispielsweise jemand den Wunsch, Komponistin oder Schauspieler zu sein, ergibt sich dadurch nicht ein Recht darauf, dass der Staat oder die Gesellschaft diesen Wunsch im Sinne einer auskömmlichen Berufsexistenz ermöglichen müsste. Wohl aber hat diejenige oder derjenige das Recht, Komponistin oder Schauspieler zu sein.

Die Berufsfreiheit darf zudem durch Gesetze und Regeln hinsichtlich der Ausübung einer Berufstätigkeit beschränkt werden:

*Die Berufsausübung kann durch Gesetz oder aufgrund eines Gesetzes geregelt werden.*
(Artikel 12, Grundgesetz)

Beispielsweise darf niemand ohne entsprechende Ausbildung einen „geregelten Beruf" ausüben, der mit einer besonderen Verantwortung verbunden ist (wie etwa der von Technikern, Ärzten oder Krankenpflegern).

Auf Grundlage der garantierten Berufsfreiheit kann der Staat dem Einzelnen nur helfen, seine Freiheit in beruflicher Hinsicht zu entfalten, gewährt aber keinen Anspruch auf die Einrichtung von bestimmten Arbeitsplätzen im Einzelfall.

Das Bundesverfassungsgericht hat die Berufsfreiheit im Mitbestimmungsurteil vom 1. März 1979 präzisiert:

> *Art. 12 Abs. 1 GG schützt die Freiheit des Bürgers in einem für die moderne arbeitsteilige Gesellschaft besonders wichtigen Bereich: Er gewährleistet dem Einzelnen das Recht, jede Arbeit, für die er sich geeignet glaubt, als „Beruf" zu ergreifen, d. h. zur Grundlage seiner Lebensführung zu machen. In dieser Deutung reicht Art. 12 Abs. 1 GG weiter als die – von ihm freilich umfasste – Gewerbefreiheit. Darüber hinaus unterscheidet er sich jedoch von ihr durch seinen personalen Grundzug: Der Beruf wird in seiner Beziehung zur Persönlichkeit des Menschen im Ganzen verstanden, die sich erst darin voll ausformt und vollendet, dass der Einzelne sich einer Tätigkeit widmet, die für ihn Lebensaufgabe und Lebensgrundlage ist und durch die er zugleich seinen Beitrag zur gesellschaftlichen Gesamtleistung erbringt. Das Grundrecht gewinnt so Bedeutung für alle sozialen Schichten; die Arbeit als „Beruf" hat für alle gleichen Wert und gleiche Würde.*

Die Europäische Konvention zum Schutze der Menschenrechte enthält *keine* explizite Garantie der freien Wahl von Beruf, Arbeitsplatz oder Ausbildungsstätte. Hier findet sich lediglich ein Verbot der Sklaverei und Zwangsarbeit.

Der Europäische Gerichtshof hat die *freie Berufsausübung* bislang immer synonym mit der *wirtschaftlichen Betätigungsfreiheit* gebraucht.

Die Berufsfreiheit wäre demnach also nicht von einem persönlichkeitsbezogenen Bild des Berufes her zu verstehen, sondern vielmehr marktbezogen als wirtschaftliche Freiheit.

Das Grundgesetz hat dagegen mit der Berufsfreiheit auch aus historischen Gründen beide Aspekte der beruflichen Freiheit im Blick.

Big Data sind große Mengen an Daten, die aus Bereichen wie Internet und Mobilfunk, Finanzindustrie, Energiewirtschaft, Gesundheitswesen und Verkehr und aus Quellen wie intelligenten Agenten, sozialen Medien, Kredit- und Kundenkarten, Smart-Metering-Systemen, Assistenzgeräten, Überwachungskameras sowie Flug- und Fahrzeugen stammen und die mit speziellen Lösungen gespeichert, verarbeitet und ausgewertet werden.

(Gabler Wirtschaftslexikon, Springer Verlag, 2020)

# Datenschutz: das Brief- Post- und Fernmeldegeheimnis

Das seit einigen Jahren als Telekommunikationsgeheimnis bezeichnete Grundrecht darauf, dass Briefe, Telefongespräche und an andere Formen der technisch unterstützten Kommunikation nicht abgehört, mitgeschnitten oder entstellt werden dürfen, besteht in fast allen Verfassungen der Welt. Schon in der Weimarer Republik und selbst in der DDR war das „Fernmeldegeheimnis" gesetzlich geschützt. Gerade die Geschichte der ehemaligen DDR zeigt aber, wie sehr formale verfassungsrechtliche Garantien und die Verfassungswirklichkeit, also das, was wirklich geschieht, auseinanderklaffen können. Obwohl das Abhören von Telefongesprächen oder das Mitlesen von Briefen unter Strafe gestellt war, erfolgte in der DDR dennoch eine systematische Überwachung sämtlicher Telefongespräche in die Bundesrepublik und andere westliche Länder. Im Jahre 1986 wurden von mehr als 1000 Mitarbeitern über 2 Millionen Gespräche mitgehört; Briefe und Pakete wurden ausnahmslos geöffnet. Es gab keine formal-rechtliche Begründung für dieses Vorgehen, das der Verfassung der DDR faktisch vollständig zuwiderlief.

Mit dem zweiten Grundgesetzartikel, welcher die informationelle Selbstbestimmung aller in Deutschland lebenden Menschen zusichert, und mit dem Artikel 10 des Grundgesetzes ist das Telekommunikationsgeheimnis heute in der Bundesrepublik grundrechtlich garantiert. Niemand hat das Recht, Gespräche abzuhören, E-Mails zur überwachen oder Briefe und Pakete zu öffnen, außer es liegt eine richterliche Anordnung vor oder die Überwachung *„dient dem Schutze der freiheitlichen demokratischen Grundordnung oder (dem Schutz) des Bestandes oder der Sicherung des Bundes oder eines Landes (..)"*

Dieser mit der Verabschiedung der Notstandsgesetze 1968 ergänzte Absatz wird heute als rechtliche Grundlage gesehen und angewandt, um Telekommunikation in einem immer größeren Umfang staatlicherseits zu überwachen.

2016 wurden allein in Berlin mehr als eine Million Telefonate überwacht. Der Bundesnachrichtendienst speichert täglich über 220 Millionen Telefondaten. Hinzu kommen Überwachungsmaßnahmen weiterer deutscher Sicherheitsbehörden (Verfassungsschutz, MAD), ausländischer Nachrichtendienste und die privatwirtschaftlich legitimierte Speicherung von Kommunikation durch online-Dienstleister und über installierte „apps".

Vor dem Hintergrund wachsender Internet-Kriminalität, terroristischer Gefahren und drohender Cyberangriffe aus dem Ausland gibt es kaum mehr zivilgesellschaftlichen Widerstand gegen die Aushöhlung des Telekommunikationsgeheimnisses.

Mit einer EU-Richtlinie, die 2008 in deutsches Recht umgesetzt wurde, sollte allen EU-Staaten die Speicherung sämtlicher Telekommunikationsverbindungen über ein halbes Jahr hinweg zum Zwecke möglicherweise später notwendig werdender Überwachungsmaßnahmen auferlegt werden: die Vorratsdatenspeicherung.

Das Gesetz zur Vorratsdatenspeicherung wurde aber am 2. März 2010 vom Bundesverfassungsgericht für nichtig erklärt, da es dem Grundrecht auf den Schutz des Telekommunikationsgeheimnisses widerspricht. Auch der Europäische Gerichtshof entschied am 8. April 2014, dass die Vorratsdatenspeicherung mit der Europäischen Menschenrechtskonvention nicht vereinbar sei und erklärte die entsprechende Richtlinie für ungültig.

Ein neues Gesetz zur Vorratsdatenspeicherung wurde in Deutschland im Jahre 2015 verabschiedet. Gegen das Gesetz sind mehrere Klagen eingereicht worden.

Der Europäische Gerichtshof entschied am 21. Dezember 2016, dass eine anlasslose Vorratsdatenspeicherung rechtswidrig ist.

Dennoch finden von verschiedener Seite weiterhin Bestrebungen statt, das Telekommunikationsgeheimnis einzuschränken.

> „Niemand darf willkürlichen Eingriffen in sein Privatleben, seine Familie, seine Wohnung und seinen Schriftverkehr oder Beeinträchtigungen seiner Ehre und seines Rufes ausgesetzt werden. Jeder hat Anspruch auf rechtlichen Schutz gegen solche Eingriffe oder Beeinträchtigungen."

Allgemeine Erklärung der Menschenrechte der Vereinten Nationen
Artikel 12

## 15

# Der Schutz der Privatsphäre

Das Recht auf freie Entfaltung der Persönlichkeit und die Menschenwürde sichert grundsätzlich allen Menschen in Deutschland einen selbstbestimmten Bereich privater Lebensgestaltung zu. Jeder Mensch soll seine Individualität ungestört und frei entwickeln und wahren können. Daraus ergibt sich auch das Recht, „für sich sein" zu dürfen, „sich selbst zu gehören" und das Eindringen oder den Einblick durch andere auszuschließen. Die Privatsphäre ist nicht auf den häuslichen Bereich beschränkt. Das Veröffentlichen von Bildern, Videos oder Tonaufnahmen von anderen Menschen in „sozialen Netzwerken" beispielsweise ist nie ohne Zustimmung der Betroffenen zulässig.

Bei Kindern haben bis zum Alter von sieben Jahren die Sorgeberechtigten die Pflicht, die Persönlichkeitsrechte des Kindes zu schützen und zu verantworten. Ab einem Alter von sieben Jahren bestimmt das Kind selbst (mit), ob Aufnahmen von ihm beispielsweise auf „sozialen Netzwerken" veröffentlicht werden dürfen. Das Recht auf das eigene Bild ist ein wesentlicher Bestandteil des Persönlichkeitsrechts.

Auch Prominente haben ein Recht auf Privatsphäre. Dennoch müssen „absolute Personen der Zeitgeschichte" die Veröffentlichung von Bildaufnahmen von sich hinnehmen, selbst wenn diese sie nicht bei der Wahrnehmung einer öffentlichen Funktion zeigen, sondern ihr Privatleben betreffen. Ausgenommen sind aber Situationen, in denen diese Personen davon ausgehen können, dass sie sich in einer geschützten, privaten Situation befinden.

Im Grundgesetz ergibt sich das Recht auf Privatsphäre aus den Artikeln 1 und 2, aus dem Schutz der Menschenwürde und aus dem Recht auf freie Entfaltung der Persönlichkeit. Das allgemeine Persönlichkeitsrecht stützt sich auf deren kombinierte Schutzgarantien.

Auch das Bankgeheimnis ergibt sich aus dem Schutz der Privatsphäre.

Banken und Finanzdienstleister dürfen interessierten Privatinstitutionen keine und staatlichen Behörden nur in gesetzlich geregelten Ausnahmefällen Auskünfte erteilen und Informationen übermitteln.

Dennoch wurde mit dem „Kontenabrufverfahren" seit 2003 den Steuer- und Sozialbehörden in Deutschland ermöglicht, Kontodaten zu prüfen, welche von den Banken gespeichert werden müssen. Erfasst werden Kontonummer, Eröffnungs- und Auflösungsdatum sowie Nachname und alle Vornamen, Geburtsdatum des Kontoinhabers sowie die Daten weiterer Verfügungsberechtigter des Kontos. Umsätze und Kontoständen werden aber nicht übermittelt.

Staatliche Organe haben kein Recht, die Privatsphäre zu verletzen, sofern nicht besondere, zu rechtfertigende Gründe vorliegen, wie etwa der Verdacht auf eine schwerwiegende Straftat.

Auch der Schutz persönlicher Daten unterliegt dem Persönlichkeitsrecht. Die *informationelle Selbstbestimmung* sichert zu, dass jede(r) Einzelne selbst bestimmen darf, welche Daten er oder sie von sich preisgibt. Erst so ergibt sich der Rahmen für den Datenschutz, der in Deutschland vor allem durch europäische Richtlinien bestimmt wird.

Die EU gibt im Datenschutzrecht hohe Standards vor, die von privaten und staatlichen Organisationen bei der Verarbeitung von Daten erfüllt werden müssen.

Im April 2016 verabschiedete die Kommission einen neuen Rechtsrahmen – die Datenschutz-Grundverordnung (DSGVO) und die Datenschutzrichtlinie für Polizei und Strafjustiz.

Die DSGVO, die seit Mai 2018 in der EU uneingeschränkt gilt, ist weltweit die umfassendste Datenschutzrechtsvorschrift. Sie gilt auch für Organisationen und Unternehmen ohne Sitz in der EU, die Waren und

Dienstleistungen für Einzelpersonen in der EU anbieten oder deren Verhalten beobachten.

Mehr als 100 Länder weltweit haben inzwischen Datenschutzgesetze erlassen, von denen sich viele am EU-Recht orientieren.

„Die Tatsache, daß der Grund und Boden unvermehrbar und unentbehrlich ist, verbietet es, seine Nutzung dem unübersehbaren Spiel der freien Kräfte und dem Belieben des Einzelnen vollständig zu überlassen; eine gerechte Rechts- und Gesellschaftsordnung zwingt vielmehr dazu, die Interessen der Allgemeinheit beim Boden in weit stärkerem Maße zur Geltung zu bringen als bei anderen Vermögensgütern. Der Grund und Boden ist weder volkswirtschaftlich noch in seiner sozialen Bedeutung mit anderen Vermögenswerten ohne weiteres gleichzustellen; er kann im Rechtsverkehr nicht wie eine mobile Ware behandelt werden."

Beschluss des Ersten Senats des Bundesgerichtshofs,
12. Januar 1967

# 16

# Das Recht auf Eigentum

Nur wenige wissen, dass auch das Recht auf Eigentum zu den international vereinbarten und weltweit gültigen Menschenrechten gehört.

Es ist sowohl im Grundgesetz wie auch in der Charta der Grundrechte der Europäischen Union und in der UN-Menschenrechtscharta als Grundrecht geschützt.

Bürgerkriege, Inflation und Wirtschaftskrisen haben allerdings schon häufig gezeigt, wie schnell Eigentum aufgrund politischer Konflikte oder infolge wirtschaftlicher Prozesse infrage gestellt werden kann.

Autoritäre Regierungen und „Kleptokratien" haben nicht nur in der Vergangenheit Eigentumsrechte immer wieder missachtet. Für das Konfiszieren von Eigentum, die Entrechtung von Eigentümerinnen und Eigentümern und für illegale Enteignungen werden dabei meist vordergründige Argumente vorgebracht: Sicherheitsgründe, Strafmaßnahmen oder „Volksinteressen" gehören dabei zu den häufigsten.

Neben diesen Verletzungen des Grundrechts auf Eigentum steht aber auch die zunehmende Konzentration von Eigentum in den Händen sehr Weniger in der Kritik:

In Deutschland besitzen nach dem Bericht der Bundesbank aus dem Jahre 2014 die reichsten 10 % der Bevölkerung 60 % des privaten Nettovermögens.

Vor diesem Hintergrund könnten sich aus dem Artikel 17 der Menschenrechtserklärung der Vereinten Nationen unterschiedliche Lesarten ergeben:

*Jeder hat das Recht, sowohl allein als auch in Gemeinschaft mit anderen Eigentum innezuhaben.*

*Niemand darf willkürlich seines Eigentums beraubt werden.*

Dient dieser Artikel eher den Interessen der wenigen Besitzenden oder der vielen „kleinen Eigentümer"? Oder bezieht er sich nicht ebenso auf das grundlegende Hab und Gut, welches niemandem genommen werden darf?

In der Zeit des Kalten Krieges und der ideologischen Blockkonfrontation einigten sich die ehemals sozialistischen Staaten und die Länder „des Westens" nach langen kontrovers geführten Verhandlungen nur auf die grundlegendsten Elemente eines Menschenrechtskatalogs. Die Allgemeine Erklärung der Menschenrechte wurde am 10. Dezember 1948 von der Generalversammlung der Vereinten Nationen im Palais de Chaillot in Paris genehmigt und verkündet. Kontroverse Fragen wie die nach der Sozialverpflichtung von Eigentum waren bei den schwierigen Verhandlungen ausgespart worden.

Im Grundgesetz sind dagegen mit dem Artikel 14 sowohl das Recht auf Eigentum als auch dessen Sozialverpflichtung und dessen Schranken weit ausdrücklicher benannt:

*Das Eigentum und das Erbrecht werden gewährleistet. Inhalt und Schranken werden durch die Gesetze bestimmt. Eigentum verpflichtet. Sein Gebrauch soll zugleich dem Wohle der Allgemeinheit dienen. Eine Enteignung ist nur zum Wohle der Allgemeinheit zulässig (...)*

Das Grundrecht auf Eigentum schützt also keineswegs nur die Wohlhabenden. Es ist vielmehr die Basis für die wirtschaftliche Sicherheit jedes Einzelnen.

Eigentum umfasst nicht nur Häuser, Geld, Gold oder Firmenbeteiligungen. Auch das Eigentum an ideellen Gegenständen, selbst an Utensilien, wie sie beispielsweise Häftlinge mit in die Vollzugsanstalten nehmen dürfen, gehören zum geschützten Eigentum.

Das Recht auf Eigentum schützt vor einem übergriffigen Staat ebenso wie vor wirtschaftlichen Mächten, Kriminellen und allen, die unberechtigterweise versuchen, sich das Eigentum eines Menschen oder einer Gruppe anzueignen.

Die Konzentration von Wohneigentum in der Hand von Großinvestoren oder die Macht von Kapitalgesellschaften beim Umbau von Unternehmen sind aber Beispiele, an denen sich Kritik an einem zu undifferenzierten Eigentumsbegriff entzündet.

Besonders wenn Eigentum als Vorrecht, als Machtinstrument und als Hindernis für gesellschaftliche Veränderungen erlebt wird, schwindet seine Akzeptanz.

Auf der anderen Seite würde das Eigentumsprinzip gestärkt, wenn wieder mehr Menschen Kapital und Eigentum bilden könnten.

Mit dem grundrechtlichen Schutz des Eigentums geht es nicht nur um die Sicherung von Besitz, sondern auch um die Freiheit, in Wohlstand, Eigenverantwortung und Selbstbestimmung leben zu können. Eigentum entspricht einem komplexen menschlichen Bedürfnis nach Vergewisserung, Sicherheit und Materialisierung.

Deshalb ist das Recht auf Eigentum ein Grundrecht und gehört zu den unteilbaren Menschenrechten.

*Alle Deutschen haben das Recht, sich ohne Anmeldung oder Erlaubnis friedlich und ohne Waffen zu versammeln.*

Artikel 8, Absatz 1, Grundgesetz

# Demonstrationsrecht, Streikrecht und Petitionsrecht

*Das Recht, zur Wahrung und Förderung der Arbeits- und Wirtschaftsbedingungen Vereinigungen zu bilden, ist für jedermann und für alle Berufe gewährleistet. Abreden, die dieses Recht einschränken oder zu behindern suchen, sind nichtig, hierauf gerichtete Maßnahmen sind rechtswidrig. Maßnahmen (...) dürfen sich nicht gegen Arbeitskämpfe richten, die zur Wahrung und Förderung der Arbeits- und Wirtschaftsbedingungen von Vereinigungen im Sinne des Satzes 1 geführt werden.*
(Artikel 9, Absatz 3, Grundgesetz)

Als im Sommer 1948 der Verfassungskonvent im Alten Schloss auf Herrenchiemsee zusammenkam, um einen Verfassungsentwurf auszuarbeiten, gab es zunächst die feste Absicht, das Streikrecht in eindeutiger Form in den Grundrechtekatalog mit aufzunehmen. Vorentwürfe des Grundgesetzes zeigen, dass hierfür bereits eine Formulierung zur Diskussion stand: „Das Recht der gemeinsamen Arbeitseinstellung zur Wahrung und Förderung der Arbeits- und Wirtschaftsbedingungen wird anerkannt. Seine Ausübung wird durch Gesetz geregelt."

Nach kontroversen Diskussionen entschied sich der Grundsatzausschuss aber letztlich, die Formulierung nicht in das Grundgesetz zu übernehmen, aus dem überraschenden Grund, dass die so nicht eindeutig definierten Begrenzungen des Streikrechts eine zu starke Beschränkung für dieses darstellen könnten. Man wollte das Streikrecht nicht bereits im Grundgesetz mit Beschränkungen versehen.

Stattdessen entschied sich der Konvent, das Streikrecht überhaupt nicht gesondert in den Grundrechtekatalog aufzunehmen, sondern durch die Vereinigungsfreiheit, die Versammlungsfreiheit, das Recht auf freie Entfaltung der Persönlichkeit und die im Artikel 9 des Grundgesetzes garantierte Koalitionsfreiheit ableitbar zu machen. Die Koalitionsfreiheit sichert Arbeitnehmern wie Arbeitgebern das Recht zu, sich gewerkschaftlich oder in Verbänden zu organisieren.

Mit der Verabschiedung der Europäischen Menschenrechtskonvention im Jahre 1952 erhielt aber zusätzlich eine Festlegung Wirkungskraft, die der offenen Herleitungsmöglichkeit im Grundgesetz klare Konturen gab. Im Artikel 11 der Konvention findet sich der folgende Passus:

> *Jede Person hat das Recht, sich frei mit anderen zusammenzuschließen; dazu gehört auch das Recht, zum Schutz seiner Interessen Gewerkschaften zu gründen und Gewerkschaften beizutreten.*
>
> *Die Ausübung dieser Rechte darf nur Einschränkungen unterworfen werden, die gesetzlich vorgesehen und in einer demokratischen Gesellschaft notwendig sind für die nationale oder öffentliche Sicherheit, zur Aufrechterhaltung der Ordnung oder zur Verhütung von Straftaten, zum Schutz der Gesundheit oder der Moral oder zum Schutz der Rechte und Freiheiten anderer.*

Das Bundesverfassungsgericht hat am 4. Mai 2011 die Bedeutung der Europäischen Menschenrechtskonvention für die Auslegung des Grundgesetzes genauer bestimmt:

> *„Die Europäische Menschenrechtskonvention steht zwar innerstaatlich im Rang unter dem Grundgesetz. Die Bestimmungen des Grundgesetzes sind jedoch völkerrechtsfreundlich auszulegen. Der Konventionstext und die Rechtsprechung des Europäischen Gerichtshofs für Menschenrechte dienen auf der Ebene des Verfassungsrechts als Auslegungshilfen für die Bestimmung von Inhalt und Reichweite von Grundrechten*

*und rechtsstaatlichen Grundsätzen des Grundgesetzes."*
(Leitsatz zum Urteil des Zweiten Senats vom 4. Mai 2011)

Damit stützt sich das Streikrecht in Deutschland nicht nur auf den rechtlichen Rahmen des Grundgesetzes, sondern auch auf den der Europäischen Menschenrechtskonvention.

Im Gegensatz zum Streikrecht ergibt sich das Demonstrationsrecht sehr direkt aus dem 8. Artikel des Grundgesetzes:

> *Alle Deutschen haben das Recht, sich ohne Anmeldung oder Erlaubnis friedlich und ohne Waffen unter freiem Himmel zu versammeln ...*

Durch internationale Vereinbarungen und entsprechende Bundesgesetze gilt dieses Recht aber nicht nur für Deutsche, sondern für alle in Deutschland und in der EU lebenden Menschen.

Demonstrationen müssen aufgrund des geltenden Versammlungsgesetzes angemeldet werden, bedürfen aber nicht der Genehmigung. Sie dürfen nur bei einer Gefahr für die öffentliche Ordnung und Sicherheit untersagt werden. Eine solche polizeiliche Entscheidung ist gerichtlich anfechtbar.

Neben den klassischen Bürgerrechten, der Versammlungsfreiheit und der Vereinigungsfreiheit, besteht für alle in Deutschland lebenden Menschen eine weitere rechtliche Möglichkeit, auf politische Prozesse einzuwirken: das Petitionsrecht.

Artikel 17 des Grundgesetzes garantiert das Recht aller Bürger, sich mit Beschwerden und Bitten an die Volksvertretung (die Parlamente) wenden zu können. Der Bundestag ist zudem durch das Grundgesetz verpflichtet, einen Petitionsausschuss einzusetzen, der auf alle eingereichten Petitionen entsprechend einem gesetzlich festgelegten Verfahren reagieren und diese der weiteren Beratung zur Verfügung stellen muss.

Auch das Europäische Parlament ist verpflichtet, Petitionen entgegenzunehmen, zu bearbeiten und nach Prüfung in parlamentarischen Gremien zu beraten, wenn in ihnen europäische Themen aufgebracht werden.

Zum Vergleich: 13.137 Petitionen sind im Jahr 2015 an den Petitionsausschuss des Bundestages gerichtet worden; beim Europäischen Parlament wurden 1.431 Petitionen eingereicht.

Beide Parlamente ermöglichen das Einreichen von Petitionen über das Internet und bieten Diskussionsplattformen für Petitenten an, die einen Rechtsanspruch auf die Bearbeitung und Beratung ihrer Petitionen haben, aufgrund derer nach parlamentarischen Verfahren ein Beschluss ergeht.

Kritiker bemängeln einen Mangel an Öffentlichkeit bei diesen Verfahren und setzen sich für eine Aufwertung des Petitionswesens ein.

Die Top Ten der wertvollsten* Pässe nach dem globalen Passport Ranking 2022:

1. Vereinigte Arabische Emirate
2. Deutschland
3. Schweden
4. Finnland
5. Italien
6. Süd-Korea
7.Dänemark
8.Österreich
9.Luxemburg
10. Spanien

*Mobilität ohne Visa-Beschränkungen

18

# Die Staatsbürgerschaft

Die internationale Luftverkehrsinstitution IATA (International Air Transport Association) und die Beratungsfirma Henley & Partners veröffentlichen jedes Jahr ein Ranking von Staatsangehörigkeiten nach dem Gesichtspunkt, wie viel Reisefreiheit der Pass des jeweiligen Landes weltweit ermöglicht.

Wie in den Vorjahren stand der deutsche Pass dabei im Jahr 2022 wieder mit an vorderster Stelle und erreichte hinter den Vereinigten Arabischen Emiraten den zweiten Platz: Mit kaum einem anderen Reisepass kann man mehr Länder visafrei besuchen. Der deutsche Pass erlaubt Zugang zu 164 Ländern. Mit einem türkischen Pass lassen sich dagegen beispielsweise nur 113 Länder visafrei besuchen (Platz 41), mit einem chinesischen 77 (platz 58) und mit einem indischen 66 (Platz 69).

Die für einen Pass geltenden Visabestimmungen zeigen, wie sich Staatsbürgerschaft sehr konkret auf die Reisefreiheit auswirkt. Es zeigt aber auch, dass außenpolitische Beziehungen und friedliche Kooperation einen sehr konkreten Wert für die Bürgerinnen und Bürger eines Landes haben.

In Deutschland selbst werden die Berechtigung und der Zugang zur deutschen Staatsbürgerschaft durch das Staatsangehörigkeitsgesetz geregelt. Neben der Staatsbürgerschaft durch Geburt und Abstammung sieht es unterschiedliche Möglichkeiten der Einbürgerung vor und nennt Bedingungen für die Zuerkennung der deutschen Staatsbürgerschaft.

Die Bestimmung im Artikel 113 des Grundgesetzes („Deutscher ist, wer die deutsche Staatsangehörigkeit besitzt ...") schließt eine ethnische, religiöse oder kulturelle Definition der deutschen Staatsangehörigkeit aus und rehabilitiert zudem Familienangehörige und deren Nachkommen, die durch die Nazi-Herrschaft ihre Staatsangehörigkeit verloren hatten.

Seit Dezember 2014 dürfen in Deutschland geborene oder aufgewachsene Ausländerinnen und Ausländer neben ihrer ursprünglichen Staatsangehörigkeit auch die deutsche Staatsangehörigkeit beantragen und dauerhaft behalten. Die *doppelte Staatsbürgerschaft* löste die sogenannte Optionspflicht ab, derzufolge sich alle Ausländer mit deutschem Pass bis zum 23. Lebensjahr für eine Staatsbürgerschaft hatten entscheiden müssen. Mit der Änderung des Staatsbürgerschaftsrechts sollte die Integration der in Deutschland aufgewachsenen Nicht-EU-Bürger erleichtert und die Betroffenen von der Verpflichtung entbunden werden, sich gegen die Staatsbürgerschaft ihrer Heimatländer entscheiden zu müssen. Nach Schätzungen haben zwischen 2,1 und 4,3 Millionen Deutsche eine zweite Staatsbürgerschaft.

Die Regelung zur doppelten Staatsbürgerschaft steht aber auch in der Kritik. Befürworter der früher gültigen Optionspflicht verweisen auf mögliche Loyalitätskonflikte der Betroffenen durch die Doppelstaatsangehörigkeit gerade dann, wenn die zwischenstaatlichen Beziehungen von wachsenden Spannungen geprägt sind. Die Kritik wird aber von den meisten Migrationsexperten nicht geteilt. In der Praxis würden sich eher Probleme durch das Steuer- und Erbrecht und durch die zweifache konsularische Zuständigkeit ergeben. Besondere Brisanz erfährt dieser Aspekt, wenn in dem jeweiligen zweiten Heimatland politische Verfolgung herrscht und rechtsstaatliche Prinzipien verletzt werden.

So bekommen beispielsweise Deutsche, die neben ihrer Staatsbürgerschaft noch eine türkische Staatsbürgerschaft haben, in der Türkei keine deutsche konsularische Hilfe, weil sie dort als Türkinnen oder Türken gelten. Völkerrechtlich hat in Fällen von doppelter Staatsangehörigkeit jeder der beiden Heimatstaaten das Recht, diese Personen auf dem eigenen Staatsgebiet ausschließlich als eigene Staatsangehörige zu behandeln.

Im Gegensatz zur Regelung der doppelten Staatsbürgerschaft haben EU-Bürger (und Bürger der Schweiz) regelmäßig das Recht auf den Beibehalt ihrer Staatsbürgerschaft, wenn sie in Deutschland leben und die deutsche Staatsangehörigkeit annehmen wollen.

Eine Aberkennung der deutschen Staatsbürgerschaft ist nur möglich, wenn sich ein deutscher Staatsbürger der Armee eines anderen Staates anschließt oder wenn die Staatsbürgerschaft aufgrund falscher Angaben und Betrug erworben wurde.

*Politisch Verfolgte genießen Asylrecht.*

Artikel 16a, Absatz 1, Grundgesetz

19

# Das Asylrecht

Dem im Grundgesetz verankerten Grundrecht auf Asyl (Artikel 16a, Absatz 1: „Politisch Verfolgte genießen Asylrecht") liegen historische Erfahrungen von Diktatur und Verfolgung in Deutschland ebenso wie internationale Normen und Vereinbarungen zugrunde. Die im Rahmen der Vereinten Nationen verabschiedete Allgemeine Erklärung der Menschenrechte formuliert ähnlich wie das deutsche Grundgesetz:

> *Jeder hat das Recht, in anderen Ländern vor Verfolgung Asyl zu suchen und zu genießen.*
> (Artikel 14, Absatz 1)

Auch die Genfer Flüchtlingskonvention stellt in ihrem ersten Artikel den Schutz von politisch, rassisch, religiös oder aufgrund ihrer Staatszugehörigkeit Verfolgten in den Mittelpunkt. Es finden sich dort allerdings keine klar definierten Schutzansprüche für Kriegsflüchtlinge und Menschen, die vor Bürgerkriegen fliehen. Es wird aber allgemein aus dem Schutzanspruch für *Verfolgte aufgrund von Staatszugehörigkeit* ein Schutzrecht für Kriegsflüchtlinge abgeleitet, ebenso wie aus dem grundlegenden Menschenrecht auf Leben. In seiner Auslegung schützt das deutsche Asylrecht daher Menschen, die vor politischer Verfolgung und Krieg fliehen.

In Deutschland wurden nach der Erfahrung des Faschismus die menschenrechtlichen Normen im Grundgesetz besonders berücksichtigt. Viele Verfolgte des Nazi-Regimes hatten trotz höchster Not keine Aufnahme und kein Asyl in anderen Ländern gefunden.

Durch eine Veränderung des Grundgesetzartikels 16 a und Anpassungen des „Asylverfahrensgesetzes" am 26. Mai 1993 (seit Oktober 2015 „Asylgesetz") wurden die Möglichkeiten aber eingeschränkt, sich erfolgreich auf das Grundrecht auf Asyl zu berufen.

Weitere Bereiche des sogenannten Asylkompromisses waren die Einführung des Asylbewerberleistungsgesetzes sowie die Schaffung eines eigenständigen Kriegsflüchtlingsstatus (§ 32a Ausländergesetz).

Weniger das Asylrecht selbst, wie es im Grundgesetz verankert ist, hat in den letzten Jahren zu kontroversen politischen Auseinandersetzungen geführt, als vielmehr die politischen und teilweise auch technischen Grenzen seiner Umsetzbarkeit vor dem Hintergrund einer immer stärker werdenden Dynamik internationaler Flucht- und Migrationsbewegungen.

Im Gegensatz zu den anderen Grundrechten dient das Asylrecht per se nicht direkt dem Schutz der Bürgerinnen und Bürger im Geltungsbereich des Grundgesetzes. Es entspricht aber den international bindenden Vereinbarungen zum Schutz von politisch Verfolgten und Kriegsflüchtlingen und ergibt sich unmittelbar aus den im Grundgesetz verankerten Grund- und Menschenrechten. Die konkrete Auslegung des Asylrechts liegt im Verantwortungsrahmen der Politik.

Exkurs:

In dem südasiatischen Königreich Bhutan ist das Glück der dort lebenden Menschen seit dem 18. Jahrhundert als Ziel staatlichen Handelns definiert und heute ein Verfassungsziel.

Faktoren wie Lebenszufriedenheit, Gesundheit, Bildung oder die Teilhabe am gesellschaftlichen Leben werden neben anderen Kriterien zur Ermittlung des „Bruttonationalglücks" wiederkehrend abgefragt und analysiert, um daraus politische Handlungsempfehlungen abzuleiten.

In den USA wurde das „Streben nach Glück" als Teil der Grundrechte in der Unabhängigkeitserklärung von 1776 verankert (*pursuit of happiness*).

20

## Staatsziele im Grundgesetz

Die Staatsziele im Grundgesetz (auch Staatszielbestimmungen genannt) formulieren Leitprinzipien von Verfassungsrang, die den Staat verpflichten, diese aktiv anzustreben. Sie stellen keine Grundrechte dar und können auch nicht eingeklagt werden. Dennoch sind sie als programmatische Direktiven richtungsweisend für den Gesetzgeber und die Rechtssprechung. Grundsätzlich können Staatsziele durch eine verfassungsändernde Mehrheit im Bundestag auch geändert werden. Dadurch stehen sie Grundrechten in der Wertigkeit aber nicht nach, sondern basieren lediglich auf einer anderen Struktur.

Zu den Staatszielen gehören *die Verwirklichung der Gleichberechtigung der Geschlechter* (Artikel 3, Absatz 2, Satz 2), *der Schutz der natürlichen Lebensgrundlagen und der Tiere* (Artikel 20a), *die Verwirklichung eines vereinten Europas* (Präambel und Artikel 23) *sowie die Verpflichtung zur internationalen Zusammenarbeit, zur Völkerverständigung und zum Frieden* (Präambel und Artikel 9, Absatz 2).

Direkte Auswirkungen haben diese Bestimmungen auf Maßnahmen zur Gleichberechtigung, wie beispielsweise Quotenregelungen für Frauen in Wirtschaft und Öffentlichem Dienst oder mit Bezug auf die Förderung von Stiftungen im Ausland, die der internationalen Zusammenarbeit dienen. Auch die Entwicklungszusammenarbeit (früher Entwicklungshilfe genannt) ergibt sich als Auftrag aus den Staatszielen.

Seit vielen Jahren gibt es Forderungen, weitere Staatsziele ins Grundgesetz aufzunehmen, etwa zur Förderung der Kultur, des Sports oder für den Klimaschutz. Dabei kristallisieren sich in Bezug auf ein zeitgemäßes Verfassungsverständnis zwei „Schulen" heraus, die zu unterschiedlichen Schlussfolgerungen kommen:

Während einige Akteure der Zivilgesellschaft dafür plädieren, mit neuen Zielbestimmungen dem gesellschaftlichen Entwicklungsprozess eine Richtung im Sinne einer Werteorientierung zu geben, gibt es dagegen ebenso deutliche Warnungen aus Politik und Rechtswissenschaft, die Verfassung mit Bestimmungen zu belasten, aus denen sich keine konkreten subjektiven Rechte ergeben und die nur ungenau auszulegen sind.

In einigen Landesverfassungen sind weitere Staatsziele bereits formuliert worden, wie etwa in Sachsen, wo die Landesverfassung das „Recht eines jeden Menschen auf ein menschenwürdiges Dasein, insbesondere auf Arbeit, auf angemessenen Wohnraum, auf angemessenen Lebensunterhalt, auf soziale Sicherung und auf Bildung, als Staatsziel" anerkennt.

*Die Bundesrepublik Deutschland ist ein demokratischer und sozialer Bundesstaat.*

*Alle Staatsgewalt geht vom Volke aus. Sie wird vom Volke in Wahlen und Abstimmungen und durch besondere Organe der Gesetzgebung, der vollziehenden Gewalt und der Rechtsprechung ausgeübt.*

*Die Gesetzgebung ist an die verfassungsmäßige Ordnung, die vollziehende Gewalt und die Rechtsprechung sind an Gesetz und Recht gebunden.*

*Gegen jeden, der es unternimmt, diese Ordnung zu beseitigen, haben alle Deutschen das Recht zum Widerstand, wenn andere Abhilfe nicht möglich ist.*

Artikel 20, Grundgesetz

# 21

# Gewaltenteilung und die Strukturprinzipien des Staates

*Die Bundesrepublik Deutschland ist ein demokratischer und sozialer Bundesstaat.*
(Artikel 20, Absatz 1, Grundgesetz)

Die Demokratie gehört zu den fünf *Staatsstrukturprinzipien* der politischen Ordnung in der Bundesrepublik Deutschland. Sie ist ebenso wie die Rechtsstaatlichkeit, die Sozialstaatlichkeit, die Bundesstaatlichkeit und die Staatsform der Republik ein elementarer Baustein der freiheitlich-demokratischen Ordnung. Selbst eine Zweidrittel-Mehrheit im Bundestag oder die Entscheidung eines Landes darf diese Grundlagen nicht außer Kraft setzen.

Der Schutz der Menschenwürde und die Strukturprinzipien des Staates sind durch die „Ewigkeitsgarantie" des Artikels 79 (Absatz 3) im Grundgesetz in ihrem Bestand auf Dauer geschützt. Selbst der Versuch ihrer Infragestellung ist strafbar. So ist es beispielsweise nicht zulässig, den Versuch zu unternehmen, die Monarchie wieder einzuführen oder einen zentralistischen Staat zu errichten, in dem die Bundesländer einer Zentralmacht unterstellt würden. Auch die Abschaffung des Sozialstaatsprinzips, etwa durch die Streichung des Rechts auf eine existenzielle Grundsicherung, ist mit der deutschen Verfassung nicht vereinbar. Die Wahrung des Rechtsstaatsprinzips kann und darf zu keinem Zeitpunkt aufgegeben werden. Jegliche Gesetzgebung ist an das Grundgesetz gebunden.

Aus den im Grundgesetz formulierten Staatsstrukturprinzipien ergibt sich auch das Prinzip der Gewaltenteilung, die staatliche Gewalt durch Verteilung von Macht begrenzt.

Sie stellt den entscheidenden Mechanismus zur wechselseitigen Kontrolle der einzelnen staatlichen Gewalten dar: Die Parlamente als gesetzgebende (legislative) Gewalt, die Regierung mit ihren ausführenden Organen als vollziehende (exekutive) Gewalt und die Gerichte als Recht sprechende (judikative) Gewalt sind prinzipiell voneinander unabhängig. Nur so ist es beispielsweise möglich, dass das Bundesverfassungsgericht ein durch den Bundestag bereits beschlossenes Gesetz wieder außer Kraft setzen kann oder dass eine Bundesregierung durch den Bundestag abgewählt wird. Nur so ist es auch möglich, beispielsweise gegen ein Vorgehen der Polizei Klage zu erheben.

Die sechzehn Richter des Bundesverfassungsgerichts werden je zur Hälfte und nur unter der Maßgabe einer jeweiligen Zweidrittelmehrheit vom Bundestag und vom Bundesrat gewählt. Die Begrenzung der Amtszeit von Richtern am Bundesverfassungsgericht auf zwölf Jahre trägt zusätzlich zur Wirksamkeit der Gewaltenteilung bei.

Die Gewaltenteilung ist mit den Staatsstrukturprinzipien in den ersten drei Absätzen des Artikels 20 im Grundgesetz festgeschrieben. Der Artikel 20 wird deshalb auch gerne als „Verfassung in Kurzform" bezeichnet.

Um die wechselseitige Kontrolle der einzelnen Organe aber in der Praxis wirksam gestalten zu können, wird in der Bundesrepublik die Gewaltenteilung durch eine faktische *Gewaltenverschränkung* umgesetzt. Legislative und Exekutive sind dabei personell verzahnt: Mitglieder der Regierung (Exekutive) sind in der Regel auch Abgeordnete des Parlaments (Legislative). Die Parlamentsmehrheit hat somit eine kontinuierliche Beziehung zur Regierungsarbeit und kann hierdurch ihre Kontrollfunktion als Legislative gegenüber der Exekutiven sehr unmittelbar ausüben. Im Amerikanischen hat sich für dieses Prinzip der Begriff der „checks and balances" geprägt, im Deutschen sprechen Politikwissenschaftler vom „neuen Dualismus".

Unabhängig davon bleibt aber die Judikative. Es gibt keine Gewaltenverschränkung unter Einschluss der Gerichtsbarkeit!

Neben der Gewaltenteilung in dem „Dreieck" Legislative-Exekutive-Judikative schreibt der 20. Artikel des Grundgesetzes auch das Prinzip der Bundesstaatlichkeit durch eine „vertikale" Gewaltenteilung vor:

Die meisten Gesetze, die der Bundestag verabschiedet, bedürfen der Zustimmung durch die Vertretung der Länder. Sie bilden mit dem Bundesrat ein eigenes Verfassungsorgan, das neuen Gesetzen zustimmen muss, ehe sie in Kraft treten können.

Die vertikale Gewaltenteilung im föderalen Rechtsstaat, aus der ein Stufenbau der Kompetenzen entsteht, unterstützt die Dezentralisierung und verhindert eine zentralistische Machtkonzentration. Bund, Länder und Gemeinden stehen nicht hierarchisch zueinander, sondern stehen im Rahmen ihrer unabhängigen Kompetenzbereiche in Bezug. Auf diese Weise entstehen überschaubare Lebens- und Funktionsbereiche, die das politische System insgesamt vermenschlichen. An die Stelle der zentralistischen Steuerung tritt das Prinzip der „Steuerung der Selbststeuerung".

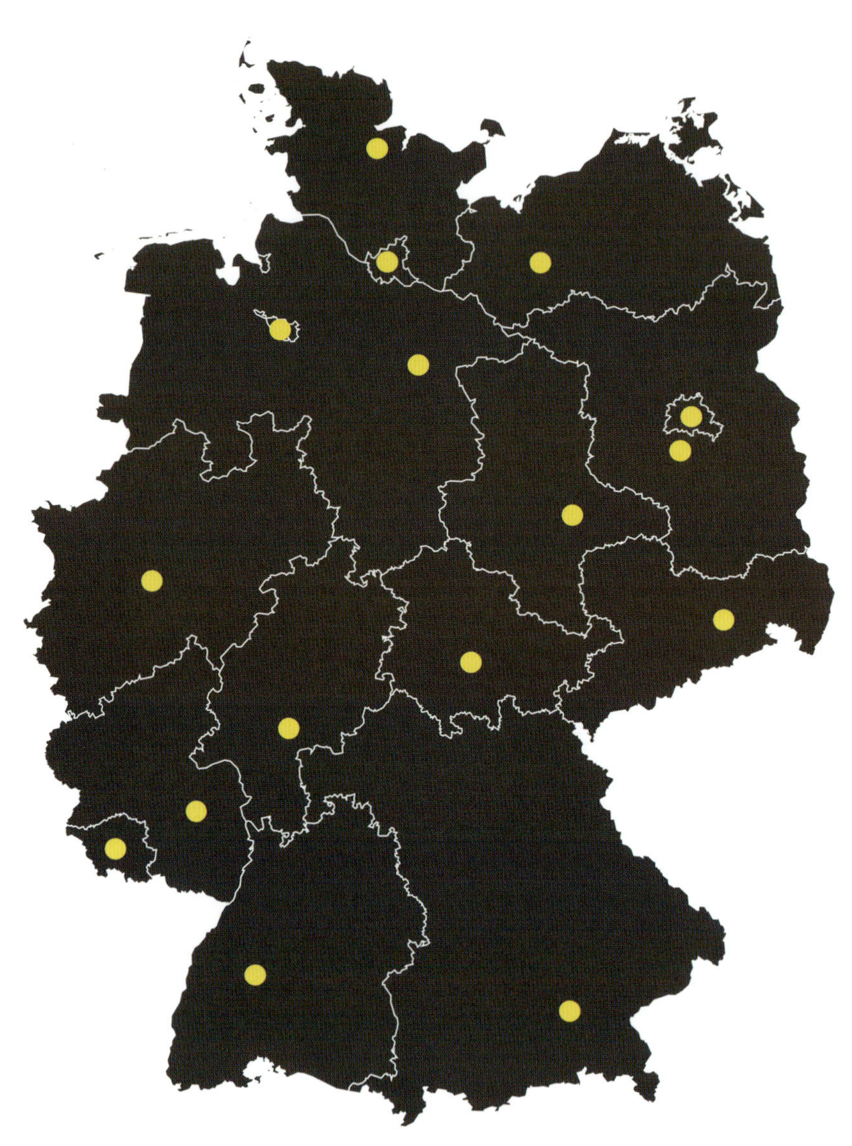

# Das föderale Prinzip

Die Bundesstaatlichkeit ist in Deutschland historisch gewachsen. Es ist rund zweihundert Jahre her, dass zur Zeit des Deutschen Bundes 39 autonome Kleinstaaten ihre Geschicke untereinander regelten. Entsprechend ist bis heute das Streben nach Selbstbestimmung und Eigenverantwortung in allen deutschen Ländern und Stadtstaaten noch immer sehr ausgeprägt. Jedes der 16 Bundesländer besitzt eine eigene *Staatsqualität*. Dies bedeutet, dass jedes Land über eine eigene Verfassung, ein eigenes Parlament, eine eigene Regierung und einen eigenen Staats- und Verfassungsgerichtshof verfügt. Die Länder haben eigene Hoheitsmacht und können im Rahmen des Grundgesetzes eigene Gesetze erlassen, die nur in dem jeweiligen Land gelten. Beispielsweise umfassen viele Landesverfassungen einen Verfassungsartikel mit dem Wortlaut „Jeder Bewohner hat Anspruch auf angemessenen Wohnraum." Das Recht auf Einklagbarkeit eines solchen Anspruchs wird aber wiederum in jedem Land unterschiedlich ausgelegt.

Zentrale Bereiche wie die Bildungspolitik, die Polizeihoheit, die Kulturpolitik, die Landeskrankenhäuser, der Straßenbau und die (Landes-)Gerichtsbarkeit liegen in der Verantwortung der Länder. Neben dem positiven Aspekt eines unausgesprochenen Wettbewerbs um die besten administrativen Verfahren und Umsetzungen, können sich auf Bundesebene aber auch große Unterschiede zwischen den Ländern entwickeln, wie etwa in der Schulpolitik oder in der Kulturpolitik.

Die bedeutende Rolle der Länder im politischen Gefüge der Bundesrepublik spiegelt sich im Verfassungsorgan des Bundesrats wider, in dem die Länder Gesetzesinitiativen des Bundestages blockieren oder durch eine Bundesratsinitiative Gesetzentwürfe oder Entschließungsvorlagen vorlegen können. Jedes Land ist in etwa entsprechend seiner Einwohnerzahl mit einer bestimmten Anzahl von Mitgliedern im Bundesrat vertreten.

Teil des föderalen Systems in der Bundesrepublik ist der Länderfinanzausgleich, der durch finanzielle Transfers in der Zielsetzung gleichwertige Lebensverhältnisse in den Ländern herstellen soll.

Die föderale Struktur der Bundesrepublik, die wegen ihres inhärenten Wettbewerbs um die jeweils besten Lösungen von den meisten Historikern und Ökonomen oft als eine positive Triebfeder für den wirtschaftlichen Erfolg der Bundesrepublik beschrieben wurde, ist aber wie alle Institutionen Bewährungsproben ausgesetzt. Die unterschiedlichen Anforderungen bei Bildungsabschlüssen in den Ländern oder unterschiedliche Vorstellungen zum Schutz der öffentlichen Sicherheit sind Beispiele dafür. Auch im Zuge der Coronapandemie zeigten sich Besonderheiten des föderalen Systems, die von vielen Betroffenen als nachteilig empfunden wurden, im Einzelfall aber auch Flexibilität ermöglichten. Grundsätzlich setzte sich auch hier das Prinzip des „kooperativen Föderalismus" durch, der nach einheitlichen Regelungen in allen Kernbereichen der staatlichen Ordnung strebt.

Das Grundgesetz regelt in den Artikeln 72 - 74 die gesetzgeberischen Zuständigkeiten zwischen Bund und Ländern im Einzelnen („Kompetenznormen"). Das grundlegende Prinzip der Länderzuständigkeit ist in Artikel 30 festgelegt:

> *Die Ausübung der staatlichen Befugnisse und die Erfüllung der staatlichen Aufgaben ist Sache der Länder, soweit dieses Grundgesetz keine andere Regelung trifft oder zuläßt.*
> (Artikel 30, Grundgesetz)

*Der Bundeskanzler wird auf Vorschlag des Bundespräsidenten vom Bundestage ohne Aussprache gewählt.*

*Gewählt ist, wer die Stimmen der Mehrheit der Mitglieder des Bundestages auf sich vereinigt. Der Gewählte ist vom Bundespräsidenten zu ernennen.*

Artikel 63, Absatz 1 und 2, Grundgesetz

# Bundestag, Bundesregierung und Bundesrat

Das politische System der Bundesrepublik gründet auf einer parlamentarischen Demokratie und auf dem Prinzip der Bundesstaatlichkeit.

Im Gegensatz zu präsidialen Demokratien, wie etwa in den USA, bestimmen hier in erster Linie Parteien meist durch Koalitionen aufgrund ihrer Mehrheiten im Bundestag (Parlament) die jeweilige Regierung. Regierung und Parlament sind institutionell eng miteinander verzahnt, was sich auch in den Fachausschüssen und Gremien des Parlaments zeigt, in denen sich Abgeordnete des Bundestags und Mitglieder der Regierung austauschen.

Der Bundeskanzler oder die Bundeskanzlerin werden durch den Bundestag direkt gewählt. Er (oder sie) ernennt die Ministerinnen und Minister und setzt so das Bundeskabinett zusammen. Das (Bundes-) Kabinett ist gleichbedeutend mit der Bundesregierung und besteht derzeit aus 14 Ministerien.

Ein ähnliches Verfahren findet bei den jeweiligen Landtagswahlen in den 16 Bundesländern statt, in denen jeweils der Ministerpräsident oder die Ministerpräsidentin des Landes durch den Landtag gewählt wird. In manchen Bundesländern tragen die Landesparlamente andere Bezeichnungen: In Berlin ist es beispielsweise das Abgeordnetenhaus, in Hamburg und Bremen die Bürgerschaft.

Die Landesregierungen senden je nach Größe des Landes eine Anzahl von Vertretern in den Bundesrat, in jenes Verfassungsorgan, in dem die Bundesländer auf vielfältige Weise bei der Ausarbeitung und bei der Verabschiedung von Gesetzen des Bundes mitwirken. Die meisten der vom Bundestag vorgeschlagenen Gesetze müssen durch den Bundesrat bestätigt werden (Zweikammerprinzip).

Bundesgesetze können von Fraktionen oder Parlamentariergruppen aus dem Bundestag und von der Bundesregierung eingebracht werden. Auch vom Bundesrat können Gesetze vorgeschlagen und dem Parlament zugeleitet werden. Diese werden meist im Vorfeld auf Ministeriumsebene zwischen Bund und Ländern als Referentenentwurf für den Gesetzgebungsprozess vorbereitet. Nach dem Einbringen einer Gesetzesvorlage in den Bundestag finden regulär drei Lesungen statt. Nimmt das Parlament in der Schlussabstimmung die Vorlage an, wird sie an den Bundesrat weitergeleitet.

Durch unterschiedliche Mehrheitsverhältnisse können Gesetzesvorhaben dort aber auch blockiert werden. In diesem Fall wird über den Vermittlungsausschuss ein Kompromiss zwischen der Gesetzesvorlage des Bundestages und den Einwänden des Bundesrats gefunden.

Neben Bundesgesetzen haben auch *Verordnungen* der Europäischen Union in Deutschland direkte Gesetzeskraft. *Richtlinien* der EU dagegen müssen durch die Bundesgesetzgebung erst umgesetzt werden, sodass durchaus noch gesetzgeberischer Spielraum bestehen bleibt.

Wo aber bündelt sich die Verantwortung für die exekutive Gewalt in Deutschland?

Auf der Ebene der Bundesregierung hat der Bundeskanzler (oder die Bundeskanzlerin) die sogenannte „Richtlinienkompetenz" inne.

Artikel 65 im Grundgesetz grenzt diese Richtlinienkompetenz von den Verantwortungsbereichen der Ministerinnen und Minister ab:

> *Der Bundeskanzler bestimmt die Richtlinien der Politik und trägt dafür die Verantwortung. Innerhalb dieser Richtlinien leitet jeder Bundesminister seinen Geschäftsbereich selbstständig und in eigener Verantwortung ...*
> (Artikel 65, Grundgesetz)

Aufgrund des sogenannten Ressortprinzips haben die Ministerinnen und Minister für ihre Zuständigkeitsbereiche jeweils die volle Verantwortung.

Bei Unstimmigkeiten sieht das Gesetz Möglichkeiten der Einigung vor, die die Richtlinienkompetenz des Bundeskanzlers nicht infrage stellen: das sogenannte Kabinettsprinzip. Diesem zufolge werden Beschlüsse von allen Kabinettsmitgliedern durch Mehrheitsbeschlüsse gefasst. Nur wenn der Bundeskanzler/die Bundeskanzlerin von der Mehrheitsmeinung abweicht, kann er seine Richtlinienkompetenz in Anspruch nehmen.

Allerdings steht auch der Bundeskanzler durch die Regierungsparteien und durch die Fraktionsdisziplin de facto nicht losgelöst von innerparteilichen Abstimmungsprozessen. Der frühere Bundeskanzler Helmut Schmidt hatte sich daher während einer Debatte im September 1982 skeptisch zur Rolle der Richtlinienkompetenz geäußert:

„Ich habe bisher, in über acht Jahren, von der Richtlinienkompetenz nach Art. 65 des Grundgesetzes keinen Gebrauch gemacht. Ich habe es vielmehr immer als meine Pflicht angesehen, große Anstrengungen auf das Zustandebringen von vernünftigen, praktisch brauchbaren, beiden Seiten gleichermaßen zumutbaren Kompromissen zu verwenden."

In Österreich beispielsweise, wo ein vergleichbares politisches System wie in Deutschland etabliert ist, ist für den Bundeskanzler keine Richtlinienkompetenz vorgesehen. Dort legt das Kabinett die politischen Richtlinien als „Kollegialorgan", also in gemeinsamer Absprache, fest.

*Der Bundespräsident wird ohne Aussprache von der Bundesversammlung gewählt. Wählbar ist jeder Deutsche, der das Wahlrecht zum Bundestage besitzt und das vierzigste Lebensjahr vollendet hat.*

Artikel 54, Absatz 1, Grundgesetz

# Der Bundespräsident

Staatsoberhaupt in Deutschland ist der Bundespräsident. Die Mitglieder des Bundestages und eine gleiche Zahl an Wahlleuten, die von den Landesparlamenten gewählt werden, kommen alle fünf Jahre in der Bundesversammlung zusammen, um den Bundespräsidenten zu wählen. Jedes Mitglied der Bundesversammlung hat dabei das Recht, eine Kandidatin oder einen Kandidaten für das Amt des Bundespräsidenten vorzuschlagen. In der Praxis aber stellen die Parteien die Kandidatinnen und Kandidaten auf. Das Amt des Bundespräsidenten ist auf zwei Amtsperioden begrenzt.

Die politische Funktion des Staatsoberhaupts liegt jenseits der Tagespolitik und hat im weitesten Sinne einer integrative, richtungsweisende und überwachende Aufgabe. Dennoch ist das Amt des Bundespräsidenten nicht auf rein repräsentative Aufgaben beschränkt. Seine Rolle ist durch das Grundgesetz (Art. 54–61) klar bestimmt.

Unter anderem legen die entsprechenden Artikel fest, dass „der Bundespräsident weder der Regierung noch einer gesetzgebenden Körperschaft des Bundes oder eines Landes angehören darf." Im Gegensatz zu den Präsidenten in präsidialen Demokratien nimmt der Bundespräsident keinen direkten, exekutiven Einfluss auf die Politik. Als Staatsoberhaupt steht er jenseits der politischen Gewalten und übt keine direkte staatliche Macht aus.

Von entscheidender Bedeutung ist die Aufgabe des Staatsoberhaupts, Gesetze zu unterzeichnen und hohe Funktionsträger des Staates formal - auf Vorschlag - zu ernennen und zu entlassen. Zur Aufgabe des Bundespräsidenten gehört es auch, neue Gesetze sehr sorgfältig auf ihre Verfassungsmäßigkeit zu prüfen. In der Geschichte der Bundesrepublik ist es bisher in acht Fällen vorgekommen, dass der Bundespräsident aufgrund von Verfassungsbedenken ein Gesetz nicht abgezeichnet hat.

Neben diesen formalen Funktionen hat der Bundespräsident in erster Linie repräsentative Aufgaben, deren Ausübung aufgrund der bedeutenden Rolle der Medien („Vierte Gewalt") von nicht zu unterschätzendem Einfluss ist. Das Staatsoberhaupt hat eine Vorbildfunktion gegenüber allen Teilen der Bevölkerung.

Die wichtigste außenpolitische Aufgabe des Bundespräsidenten ist die völkerrechtliche Vertretung Deutschlands, allerdings ohne die Befugnis zu aktiver Außenpolitik. Nur in Abstimmung mit der Bundesregierung kann er eigene Akzente in seinen Reden auf Auslandsreisen setzen.

„Die Parteien wirken an der Bildung des politischen Willens des Volkes auf allen Gebieten des öffentlichen Lebens mit, indem sie insbesondere auf die Gestaltung der öffentlichen Meinung Einfluss nehmen, die politische Bildung anregen und vertiefen, die aktive Teilnahme der Bürger am politischen Leben fördern, zur Übernahme öffentlicher Verantwortung befähigte Bürger heranbilden, sich durch Aufstellung von Bewerbern an den Wahlen in Bund, Ländern und Gemeinden beteiligen, auf die politische Entwicklung in Parlament und Regierung Einfluss nehmen, die von ihnen erarbeiteten politischen Ziele in den Prozeß der staatlichen Willensbildung einführen und für eine ständige lebendige Verbindung zwischen dem Volk und den Staatsorganen sorgen."

Verfassungsrechtliche Stellung und Aufgaben der Parteien
§ 1, Absatz 2, Parteiengesetz

25

# Die politischen Parteien

Unter politischer Willensbildung versteht man gemeinhin den psychischen, sozialen und organisatorischen Prozess, der von der Begründung politischer Ideen bis hin zu politischen Entscheidungen reicht, um bestimmte politische Ziele umzusetzen.

Politik beginnt dort, wo Menschen und Gruppen beginnen, Angelegenheiten des Gemeinwesens zu regeln und Entscheidungen zu treffen. Im breiten Sinne sind alle Formen der Einflussnahme und der Gestaltung von Forderungen und Zielen im öffentlichen (und je nach Definition auch im privaten) Bereich politisch. Insofern ist auch der Prozess der politischen Willensbildung nur schwer abzugrenzen von sozialen, kulturellen und ökonomischen Prozessen im Allgemeinen. Deshalb wird in der öffentlichen Diskussion fast immer auf die engere Bestimmung des Politikbegriffs zurückgegriffen, derzufolge Politik die Strukturen („Polity"), die Prozesse („Politics") und die Inhalte („Policy") zur Steuerung politischer Einheiten, zumeist Staaten, nach innen und ihre Beziehungen zueinander regelt.

Politische Willensbildung entspricht in diesem Sinne dem Herausbilden von Fähigkeiten und Kompetenzen, die es erlauben, Vorstellungen, Ziele und Umsetzungsformen von Politik einzuschätzen und im demokratischen Prozess mitentscheiden zu können.

Politische Parteien übernehmen dabei im idealen Sinne die Rolle des Mittlers zwischen dem politischen Willen der Bürgerinnen und Bürger und den politischen Entscheidungsträgern. Sie werben für unterschiedliche Politikangebote, die auf Basis demokratischer Prozesse in den Parteien herausgearbeitet und formuliert werden. Auf diese Weise tragen sie zur politischen Willensbildung bei und ermöglichen allen Bürgern eine Beteiligung am politischen Willensbildungsprozess. Durch das passive Wahlrecht (das heißt, durch das Recht zu kandidieren) steht allen wahlberechtigten Bürgerinnen und Bürgern selbst der Zugang zu politischen Funktionen offen.

Das politische System in Deutschland ist wesentlich auf Parteien aufgebaut. Deren Machtfülle ist erheblich, weil sie alle Teile des politischen Systems durchdringen: Ihre Mitglieder bestimmen die Arbeit von Parlamenten und Regierungen; sie sind auf allen Ebenen des föderalen Systems vertreten und sind direkt oder indirekt Akteure in der politischen Bürgergesellschaft. Ihre Macht reicht in Verbände, Medien und Organisationen und in viele soziale Bewegungen hinein.

Die parlamentarische Demokratie beruht ganz wesentlich auf der starken Stellung der Parteien. Ihren Auftrag, zur politischen Willensbildung beizutragen, erfüllen sie damit bis an die Grenzen demokratischer Legitimation, da die Präsenz von Parteizielen und Mitgliederverbindungen trotz Gewaltenteilung und der Neutralitätsverpflichtungen von Institutionen diese informell durchdringt.

Das Grundgesetz sichert die Rolle der Parteien mit dem Artikel 21 ab:

> *Die Parteien wirken bei der politischen Willensbildung des Volkes mit ...*

Grundsätzliche Verfahren in den Parteien (Binnendemokratie) und deren Finanzierung werden durch das Parteiengesetz geregelt. Ein Verbot von Parteien kann nur durch das Bundesverfassungsgericht ausgesprochen werden.

Schon eine Gruppe von sieben Mitgliedern kann in Deutschland nach geltendem Recht eine Partei gründen. Für die Anerkennung beim Bundeswahlleiter müssen es allerdings mindestens 400 Mitglieder sein, die zudem bis zu 2000 Unterschriften pro Bundesland vorlegen müssen, um bei Wahlen antreten zu können.

Gemäß Artikel 21 des Grundgesetzes müssen die Ziele, Programme und Strukturen aller politischen Parteien verfassungskonform sein und demokratischen Grundsätzen entsprechen. Parteien müssen „über die Herkunft und Verwendung ihrer Mittel sowie über ihr Vermögen öffentlich Rechenschaft geben". Zudem müssen formale Voraussetzungen erfüllt sein, etwa in Bezug auf die Dokumentation von Wahlverfahren oder die Aufstellung von Landeslisten. Das Parteiengesetz bildet hierbei den rechtlichen Rahmen.

Im Vergleich zu vielen anderen Staaten sind damit die Hürden zur Gründung neuer Parteien in Deutschland vergleichsweise gering.

Allerdings verhindert die Sperrklausel, derzufolge für einen Einzug in den Bundestag und in die Landtage mindestens 5 Prozent der Wählerstimmen gewonnen werden müssen, dass Kleinstparteien im Bundestag oder in den Landesparlamenten am parlamentarischen Prozess teilnehmen können. Lediglich bei den Wahlen zum Europäischen Parlament gilt keine Sperrklausel.

Václav Havel

„Wenn die Einwohner Europas begreifen lernen, dass es sich nicht um ein bürokratisches Monstrum handelt, das ihre Eigenständigkeit einschränken oder gar leugnen möchte, sondern lediglich um einen neuen Typus von Gemeinschaft, der ihre Freiheit vielmehr wesentlich erweitert, dann braucht der Europäischen Union um ihre Zukunft nicht bange sein."

Vaclav Havel (5.10.1936 - 18.12.2011) tschechischer Schriftsteller, Dramatiker und Staatspräsident in einer Rede vor dem Europäischen Parlament am 8. März 1994.

26

# Europa

Die Europäische Union wird auf dem Grundsatz der Rechtsstaatlichkeit verwirklicht. Dies bedeutet, dass jede Tätigkeit der EU auf Verträgen beruht, die von allen EU-Mitgliedstaaten auf freiwilliger und demokratischer Basis angenommen wurden. Als gemeinsames Wertefundament haben nicht nur die EU-Staaten, sondern auch die Mitglieder des Europarats, dem 46 Staaten angehören, die Europäische Menschenrechtskonvention anerkannt. Über deren Umsetzung wacht der Europäische Gerichtshof für Menschenrechte in Straßburg.

Die vier entscheidenden „Grundfreiheiten" der Europäischen Union, der freie Verkehr von Menschen, Waren, Kapital und Gütern, bilden die politische und ökonomische Grundlage der Staatengemeinschaft, die von Institutionen auf allen Ebenen umgesetzt wird. Der Europäische Gerichtshof in Luxemburg ist das oberste rechtsprechende Organ der EU.

Auch nach Austritt Großbritanniens aus der EU im Jahr 2020 und trotz der Kontroversen um die Gefährdung der Rechtsstaatlichkeit in einzelnen Mitgliedsstaaten hat sich die Europäische Union angesichts von Krisen – Pandemie, Krieg, Energieknappheit und Erderwärmung – bislang als solidarisch und stabil erwiesen.

Mit sich rasch wandelnden demografischen, politischen und ökologischen Verhältnissen in der Welt wächst die Bedeutung der Europäischen Union als tragender Pfeiler von Entwicklung, Sicherheit und Wohlstand.

Anders als vor einhundert Jahren macht die europäische Bevölkerung heute nur noch weniger als 10 Prozent der Weltbevölkerung aus. Das Bevölkerungswachstum in den Nachbarregionen Europas - in Afrika und im Nahen Osten - ist hoch, das Durchschnittsalter der Bevölkerungen in vielen Regionen dort um fast zwanzig Jahre niedriger als in Europa. In wirtschaftlich schwachen Regionen, Konfliktgebieten und vom Klimawandel besonders betroffenen Gebieten nimmt der Migrationswunsch nach Europa zu. Gleichzeitig stellen autoritär geführte Großmächte wie Russland und China das europäische Gesellschaftsmodell ideologisch, machtpolitisch und militärisch infrage. Ein politisch handlungsfähiges Europa ist deshalb notwendige Bedingung, um Sicherheit, Frieden und Rechtsstaatlichkeit auf dem Kontinent zu wahren oder wiederherzustellen. Kein einzelner Staat in Europa hätte für sich allein ausreichend Ressourcen, diesem Anspruch gerecht zu werden.

Die europäische Integration ist deshalb für Deutschland von zentraler Bedeutung. Seit dem 25. Dezember 1992 hat sie als Staatsziel Verfassungsrang:

> *Zur Verwirklichung eines vereinten Europas wirkt die Bundesrepublik Deutschland bei der Entwicklung der Europäischen Union mit, die demokratischen, rechtsstaatlichen, sozialen und föderativen Grundsätzen und dem Grundsatz der Subsidiarität verpflichtet ist und einen diesem Grundgesetz im wesentlichen vergleichbaren Grundrechtsschutz gewährleistet. Der Bund kann hierzu durch Gesetz mit Zustimmung des Bundesrates Hoheitsrechte übertragen.*
> (Grundgesetz, Artikel 23, Absatz 1)

Für die konkrete Weiterentwicklung der Europäischen Union stellen sich dabei aber immer wieder neue, drängende Fragen.

Kann es ein „Europa der zwei Geschwindigkeiten" geben oder wird damit ein Zerfall der Europäischen Union sogar befördert?

Sollte die Bundesrepublik eine offene Führungsrolle in Europa anstreben oder befördert sie damit neue politische Risse auf dem Kontinent?

Wie können demokratische Prozesse auf europäischer Ebene gestärkt und die politische Teilhabe der Bürgerinnen und Bürger besser verwirklicht werden?

Die Wahlbeteiligung bei den Wahlen zum Europäischen Parlament ist stets deutlich geringer als jene bei nationalen Wahlen. Bei der Europawahl 2019 lag sie aber europaweit mit über 50 Prozent auf dem höchsten Wert seit 20 Jahren. In 21 der 27 Mitgliedsstaaten hatte sie sich gegenüber der letzten Europawahl erhöht, in sieben Ländern war sie sogar um mehr als 10 Prozent gestiegen.

Seit dem Inkrafttreten des Lissabonvertrags im Jahr 2009 wurde das Europäische Parlament und damit die politische Teilhabe der Bürgerinnen und Bürger weiter gestärkt. So können vom EU-Parlament seither auch internationale Abkommen abgelehnt werden. Die Gesetzgebungsbefugnisse des Europäischen Parlaments wurden insgesamt auf mehr als 40 Bereiche erweitert, darunter Landwirtschaft, Energiesicherheit, Einwanderung, Justiz und EU Finanzmittel. Das Europäische Parlament wurde zudem formal dem Europäischen Rat, der die Regierungen der Mitgliedstaaten vertritt, gleichgestellt. Es übt heute eine deutlich stärkere parlamentarische Kontrolle über die Europäische Kommission und den Rat der Europäischen Union aus als früher. Es kann Untersuchungsausschüsse einrichten und auch Klage beim Europäischen Gerichtshof erheben. Dieses Klagerecht des Parlaments gilt seit dem 1. Dezember 2009 auch in Bereichen wie der gemeinsamen Außen- und Sicherheitspolitik.

Bei etwa 70 Prozent aller europäischen Gesetze entscheidet heute das Europäische Parlament mit und hat auch das letzte Wort. Die EU-Kommission, der Europäische Rat der Staats- und Regierungschefs und die Europäische Zentralbank müssen dem Parlament regelmäßig Bericht über ihre Tätigkeiten erstatten.

Mit der Stärkung des Parlaments wurde der seit Langem anhaltenden Kritik an der mangelnden demokratischen Legitimation der Europäischen Kommission sowie an den Entscheidungsbefugnissen des Europäischen Rats (der EU-Staats- und Regierungschefs) Rechnung getragen.

Das Europäische Parlament übt heute gegenüber allen EU-Organen eine demokratische Kontrolle aus, wählt den Präsidenten oder die Präsidentin der EU-Kommission und kann der gesamten Besetzung der Kommission entweder zustimmen oder sie ablehnen. Zusätzlich hat das Parlament das Recht, einen Misstrauensantrag gegen die Kommission zu stellen. Auch der EU-Haushalt muss durch das Parlament genehmigt werden.

Noch am 30. Juni 2009 aber hatte das Bundesverfassungsgericht dem Europäischen Parlament in einem Urteil zum Lissabonvertrag zumindest für diesen Zeitpunkt nur eine eingeschränkte demokratische Legitimation zugesprochen.

Nach wie vor haben die EU-Kommission und der Rat (der Staatschefs) allein die exekutiven Funktionen inne. Das Parlament kann beispielsweise die Beteiligung von Mitgliedsstaaten an einer militärischen Auseinandersetzung nicht verhindern und auch nicht vorschlagen. Auch im Bereich der Sozialgesetzgebung sind die Befugnisse des Parlaments beschränkt. Bei der Rechtsetzung der Europäischen Union hat die EU-Kommission nach wie vor in fast allen Aufgabenbereichen das alleinige Recht, Gesetzesinitiativen einzubringen. Dem Europäischen Parlament mangelt es somit weiterhin am für Parlamente eigentlich zentralen legislativen Initiativrecht.

Aufgrund der hohen Komplexität der europäischen Gesetzgebungsverfahren spielen im Bewusstsein der meisten Bürgerinnen und Bürger europäische Institutionen bislang nicht die ihrer politischen Bedeutung entsprechende Rolle.

Die Bundesrepublik hat dennoch, entsprechend der im Grundgesetz formulierten Staatszielbestimmung zur Europäischen Integration, wie andere Länder Europas einige Hoheitsrechte an die Europäische Union und ihre Institutionen abgegeben. Das politische System der Bundesrepublik ist damit eingewoben in ein europäisches *Mehrebenen-System*, dessen Gewichtungen und wechselseitigen Bedingungen sich immer weiterentwickeln. Die Komplexität des Systems nimmt zu.

Rechtsakte der Europäischen Union sind heute in Deutschland entweder unmittelbar gültig (EU-Verordnungen) oder die deutschen Organe sind verpflichtet, diese in nationales Recht umzusetzen (EU-Richtlinien). Das von der EU gesetzte Europarecht (auch als „Unionsrecht" bezeichnet) hat einen „Anwendungsvorrang" gegenüber dem nationalen Recht der Mitgliedstaaten. Oberste richterliche Instanz ist damit der Europäische Gerichtshof.

Allerdings darf die EU nur in solchen Bereichen Recht setzen, die in den Verträgen von Lissabon ausdrücklich vorgesehen sind. Das deutsche Bundesverfassungsgericht behält sich daher nach dem sogenannten *Lissabon-Urteil* vom 30. Juni 2009 eine Prüfung europäischer Rechtsakte vor, die sogenannte „Ultra vires" - Kontrolle. Durch sie kann überprüft werden, ob Rechtsakte wirklich in den Kompetenz-Rahmen europäischer Institutionen fallen.

„Grundlage der Wirtschaftsunion ist die Soziale Marktwirtschaft als gemeinsame Wirtschaftsordnung beider Vertragsparteien."

Vertrag über die Schaffung einer Währungs-, Wirtschafts- und Sozialunion zwischen der Bundesrepublik Deutschland und der Deutschen Demokratischen Republik vom 18. Mai 1990, Artikel 1, Absatz 3

27

# Die Soziale Marktwirtschaft

Die Soziale Marktwirtschaft wurde im Staatsvertrag von 1990 zwischen der Bundesrepublik und der ehemaligen DDR als gemeinsame Wirtschaftsordnung für die Währungs-, Wirtschafts- und Sozialunion vereinbart. In der alten Bundesrepublik gehörte der in dem Begriff angelegte Ausgleich zwischen uneingeschränkter Marktfreiheit und Sozialstaatsprinzip spätestens seit den Wirtschaftsreformen Ludwig Ehrhards in den frühen 1950 und 1960er Jahren zum Selbstverständnis. Historisch geht die Idee, eine grundsätzliche Widersprüchlichkeit zwischen freier wirtschaftlicher Entfaltung und sozialer Verpflichtung politisch zu überwinden, auf Theorien der 1920er Jahre und auf den Ökonomen Alfred Müller-Armack zurück, der die soziale Markwirtschaft als Erster begrifflich fasste. Auch die Europäische Union strebt nach dem Lissaboner Grundlagenvertrag von 2007 eine „wettbewerbsfähige soziale Marktwirtschaft" mit Vollbeschäftigung und sozialem Fortschritt an.

Die Staaten Europas haben sich damit neben den klassischen wirtschaftlichen Aufgaben auch eine Sozialverpflichtung auferlegt, die eine Entkoppelung von wirtschaftlicher Entwicklung und sozialer Teilhabe ausschließt.

Allgemein anerkannte Gestaltungsmerkmale der Sozialen Marktwirtschaft sind die freie Preisbildung für Güter und Leistungen, das Gewinnstreben als Leistungsanreiz, eine unabhängige Zentralbank, die Tarifautonomie, eine aktive staatliche Wirtschafts-, Konjunktur-, Steuer- und Bildungspolitik und ein Soziales Netz, das vor wirtschaftlicher Not schützt, wenn eine Eigenversorgung nicht möglich ist.

Dieses Modell des Ausgleichs gilt heute in den meisten Wirtschaftsregionen der Welt als vorbildlich, weil es neben Wohlstand und einem guten Bildungsstand breiter Bevölkerungsschichten auch politische Stabilität und wirtschaftliche Nachhaltigkeit verspricht.

Kritiker der Sozialen Markwirtschaft werfen ihr vor, dass der Begriff des Sozialen darüber hinwegtäusche, wie die herrschende Wirtschaftsordnung zu einer Kluft zwischen Arm und Reich geführt habe und zu einem schwachen Staat, der sich der elementaren Verantwortung für das Wohlergehen seiner Bürger entziehe. Wieder andere sehen in der „Sozialen Marktwirtschaft" dagegen einen politischen Kampfbegriff, mit dem schleichend die wirtschaftlichen Freiheitsrechte und das Recht auf Eigenverantwortung der Bürgerinnen und Bürger unterminiert werde.

Auch die „Kapitalismuskritik" politischer Bewegungen im Rahmen des Kampfes gegen den Klimawandel stellt das System der sozialen Marktwirtschaft immer häufiger infrage. Dennoch entspricht das Modell den im Grundgesetz als verfassungstragend festgelegten Staatsstrukturprinzipien.

„Vereinbarungen zwischen Unternehmen, Beschlüsse von Unternehmensvereinigungen und aufeinander abgestimmte Verhaltensweisen, die eine Verhinderung, Einschränkung oder Verfälschung des Wettbewerbs bezwecken oder bewirken, sind verboten."

Paragraph 1 des deutschen Gesetzes gegen Wettbewerbsbeschränkungen

28

# Die freiheitliche Wirtschaftsordnung

Die freiheitliche Wirtschaftsordnung akzeptiert Leistungskonkurrenz und den Preis- und Leistungsvergleich von Waren und Dienstleistungen. Das im Grundgesetz garantierte Recht auf Privateigentum, die Berufs- und damit auch Gewerbe- und Unternehmerfreiheit sowie das Recht der freien Wahl des Arbeitsplatzes bilden die Grundlage der freiheitlichen Wirtschaftsordnung, innerhalb derer auch das Grundrecht auf die freie Entfaltung der Persönlichkeit gegeben ist. Die Freiheit des Abschlusses von Verträgen ist durch die allgemeine Handlungsfreiheit ebenfalls garantiert.

Die Niederlassungsfreiheit in der gesamten Europäischen Union und deren verbindliches Regelsystem erweitern den Raum der freiheitlichen Wirtschaftsordnung auf den größten Teil Europas.

Auch wenn im Grundgesetz ganz bewusst keine Wirtschaftsordnung explizit vorgegeben wurde, ist beispielsweise eine zentralistisch gelenkte staatliche Planwirtschaft oder auch eine unbeschränkte Konzentration von Wirtschaftsmacht bei wenigen Konzernen mit den Werten und Normen der Verfassung sicher nicht vereinbar. Mit dem freiheitlichen Wettbewerbsprinzip verbindet sich eine positive Sicht auf den Zuwachs von Produktivität und wirtschaftlicher Entwicklung.

Auf der gesellschaftlichen Ebene ermuntert die sich aus der freiheitlichen Wirtschaftsordnung ergebende Leistungsgesellschaft Menschen dazu, weiter zu streben und neue Ziele zu erreichen. Dabei können nicht nur quantitative, sondern auch qualitative Kategorien im Vordergrund stehen. Im sozialen Sinne stellt das *Leistungsprinzip* die individuelle Leistung prinzipiell über Privilegien wie Herkunft oder ökonomische Bedingungen. Die Sozialstaatsverpflichtung des Grundgesetzes, das Gleichheitsprinzip und der Schutz der Menschenwürde beschränken aber das Leistungsprinzip dergestalt, dass prinzipiell allen Menschen eine Teilhabe im Rahmen der freiheitlichen Wirtschaftsordnung möglich sein muss.

Der demografische Wandel in Deutschland, der Mangel an Fachkräften in vielen Sparten sowie die oft ungleichen Zugangschancen von Migrantinnen und Migranten auf dem Arbeitsmarkt zeigen aktuell beispielhaft, in welchem Maß grundgesetzliche Werte und Rechte im Rahmen einer freiheitlichen Wirtschaftsordnung ins Gleichgewicht gebracht werden müssen.

Bürgerräte als neues Format politischer Beteiligung?

Bürgerräte sind per Losverfahren zusammengesetzte Gruppen von Bürgerinnen und Bürgern, die zu konkreten politischen Fragen beraten und Handlungsempfehlungen für den Bundestag oder für die Landtage und Kommunalparlamente erarbeiten. Nach dem Zufallsprinzip wird dabei eine vorgegebene Anzahl von Personen zur Teilnahme am Bürgerrat eingeladen. Kategorien wie Bundesland, Wohnortgröße, Alter, Geschlecht, Bildungsgrad und Migrationshintergrund sollen dabei einen repräsentativen Querschnitt der Bevölkerung abbilden. Die von den Räten entwickelten „Bürgergutachten" haben Empfehlungscharakter und können von Abgeordneten aller Parteien in die Entscheidungsfindung mit einbezogen werden. Ziel ist eine Stärkung demokratischer Beteiligung „für alle". Die Räte helfen, die Distanz zwischen Politik und Bürgerschaft zu verringern und neue Sichtweisen einzubringen.

An dem Verfahren gibt es aber auch Kritik: das Verfahren sei kostspielig, meist nähmen nur die ohnehin aktiven Bürgerinnen und Bürger teil und verzerrten so das Meinungsbild und die Vorschläge landeten schnell „in der Schublade", da sie nur empfehlenden Charakter hätten.

29

# Die Zivilgesellschaft

Die „Zivilgesellschaft" ist ein häufig genutzter Begriff in Medien, Politik und sozialen Organisationen, der in seiner modernen Bedeutung der amerikanischen *civil society* entspricht. Gemeint ist dabei das freiwillige Zusammenkommen von Initiativen und Gruppen, in denen Menschen unabhängig von ihren ökonomischen Zielen und Bedürfnissen sich gemeinsam für eine positive Entwicklung der Gesellschaft einsetzen. Die Bedeutung des Sammelbegriffs *Zivilgesellschaft* wird in den verschiedenen wissenschaftlichen Disziplinen, wie etwa in der Geschichts-, Sozial- oder Verwaltungswissenschaft, unterschiedlich ausgelegt und interpretiert.

In der relativen Unschärfe des Begriffs liegt das Risiko, dass dieser leicht zu vereinnahmen ist. „Bürgerbewegungen" berufen sich ebenso auf ihn wie Tierschutzvereine oder Gegner von Verkehrsprojekten.

Die „Zivilgesellschaft" umfasst eine Vielzahl engagierter, unabhängiger Akteure. Sie schließt aber Positionen und Gruppierungen aus, die sich gegen die freiheitlich-demokratische Grundordnung richten. Die freiheitliche Grundordnung ist die Grundlage einer offenen Zivilgesellschaft. Daher können beispielsweise nationalistische oder rassistische Ziele, aber auch die Forderung nach Sabotage und Zerstörung von Infrastruktur im Kampf für eine ökologische Politik nicht dem zivilgesellschaftlichen Engagement zugeordnet werden.

Ebenso wenig können staatliche Organisationen oder vom Staat initiierte Vereine und Verbände der Zivilgesellschaft zugerechnet werden. Das Grundgesetz erlaubt aber die Förderung zivilgesellschaftlicher Initiativen, wenn sie sich im Sinne der in der Verfassung verankerten

Werte und Normen engagieren. Eine Initiative zur Obdachlosenhilfe beispielsweise handelt im Sinne des Schutzes der Menschenwürde und stärkt das Grundrecht auf körperliche Unversehrtheit und Leben. Menschen organisieren sich in Bürgerinitiativen und kämpfen für unterschiedliche Ziele, übernehmen Aufgaben der sozialen Fürsorge und der Fürsprache (Advocacy), helfen Menschen in schwierigen Rechtssituationen oder schützen sie vor den Ansprüchen des Staates oder mächtiger privater Institutionen.

Die „Tafel" für Bedürftige gehört beispielsweise ebenso zur Zivilgesellschaft wie kirchliche Wohlfahrtsorganisationen, soziale Träger, der Bund der Steuerzahler oder gemeinnützige Stiftungen.

Einer starken Zivilgesellschaft liegt das Prinzip der Subsidiarität zugrunde. Es benennt jene wirtschaftliche und gesellschaftliche Maxime, die Selbstbestimmung, Eigenverantwortung und die Entfaltung der Fähigkeiten des Individuums in den Mittelpunkt stellt. Subsidiarität schützt auf Basis der freiheitlichen Grundrechte vor einem zentralistischen Durchgriff der nächst höheren Instanzen (insbesondere denen des Staates, großer Unternehmen oder europäischer Institutionen). Es besagt, kurzgefasst, dass die jeweils größere gesellschaftliche oder staatliche Einheit nur dann aktiv werden soll, wenn die kleinere Einheit dazu nicht in der Lage ist. Auch im Verhältnis zwischen Bund, Ländern und Gemeinden wie auch zwischen der Europäischen Union und den Mitgliedsstaaten findet das Subsidiaritätsprinzip Anwendung. Die nächsthöhere Instanz soll jeweils nur dann Aufgaben übernehmen und Regeln entwickeln, wenn dies im Rahmen des jeweiligen Zusammenhangs auf der darunter liegenden Ebene nicht möglich ist. „Hilfe zur Selbsthilfe" ist die Handlungsmaxime der Subsidiarität. Sie steht zentralistischen und dirigistischen Handlungsmustern entgegen und fördert die Dezentralisierung von Lebens- und Entscheidungsräumen.

In der Staatstheorie entspricht ihr der Leitsatz, dass der Staat nicht Selbstzweck ist, sondern dienen soll. Er darf nicht Aufgaben an sich ziehen, die von Gemeinden oder von der *Zivilgesellschaft* mit ihren Vereinen und Initiativen selbst übernommen werden können.

Aus der prinzipiellen Unabhängigkeit der Zivilgesellschaft vom Staat heraus entsteht auch Macht. Eine starke Zivilgesellschaft, in der Bürgerinnen und Bürger sich frei artikulieren und engagieren, sichert den Fortbestand der Demokratie.

„Jede Person hat das Recht auf freie Meinungsäußerung.

Dieses Recht schließt die Meinungsfreiheit und die Freiheit ein, Informationen und Ideen ohne behördliche Eingriffe und ohne Rücksicht auf Staatsgrenzen zu empfangen und weiterzugeben.

Die Freiheit der Medien und ihre Pluralität werden geachtet."

Artikel 11, EU Grundrechtecharta

30

# Kultur und Medien in Deutschland

Der 2012 in den Bundestag eingebrachte Vorschlag einer Aufnahme von Kultur und Sport als Staatszielbestimmung in Ergänzung des Artikels 20a im Grundgesetz ist unter den im Bundestag vertretenen Parteien bis heute umstritten und wurde bisher nicht umgesetzt.

Hintergrund der Kontroverse ist nicht nur die Sorge um die mit einem solchen Ziel möglicherweise entstehenden Erwartungen (insbesondere in Bezug auf die Förderung der Kultur), sondern auch die historisch und philosophisch problematische Frage, welche Bereiche „Kultur" letztlich einschließt und inwieweit der Staat in diesem Bereich auch durch Förderentscheidungen Einfluss ausüben sollte.

Zum anderen liegt der Bereich der Kulturpolitik mit Ausnahme der auswärtigen Kulturpolitik prinzipiell im Zuständigkeitsbereich der Länder.

Noch vor seinem letztlich freiwilligen Förderauftrag hat der Staat aber die grundgesetzlich verankerte Pflicht, die Kunstfreiheit und die Berufsfreiheit der Künstlerinnen und Künstler zu schützen und dafür entsprechende Instrumente und Mittel bereitzustellen. Auch die Aufgabe der kulturellen Bildung wird als Teil staatlicher Aufgaben anerkannt.

Wie aber kann staatliches Handeln Kultur und kulturelle Bildung fördern, ohne selbst indirekt Einfluss auf künstlerische und kulturelle Prozesse zu nehmen?

Ähnlich wie bei der offenen Auslegung des Begriffs der Kunst durch das Bundesverfassungsgericht nehmen staatliche Förderinstitutionen im Allgemeinen keinen direkten Einfluss auf Förderentscheidungen, sondern stellen finanzielle und organisatorische Mittel für die entsprechenden Gremien aus Kultur- und Kunstsachverständigen zur Verfügung. Gesetze zur Kulturförderung in Bund und Ländern legen hierfür entsprechende Verfahren fest. Daneben werden private Kulturinitiativen und Stiftungen steuerrechtlich gefördert.

Bund und Länder unterstützen Kulturaktivitäten und Kulturerhalt auch auf andere Weise: beispielsweise mit dem Filmförderungsgesetz, der gesetzlichen Buchpreisbindung und dem Denkmalschutz. Zudem fließen Gelder in europäische Programme.

Trotz oder gerade wegen dieser umfassenden Unterstützung bleibt die inhärente Problematik der Kulturförderung aber bestehen, dass sie durch mittelbare Verfahren Einfluss auf Konzepte und Tendenzen nimmt.

Insbesondere subkulturelle und gegenkulturelle, in Grenzbereichen der Kunst angesiedelte Projekte oder radikal subjektive Konzepte haben so selten Aussicht auf jene Anerkennung, wie sie im Allgemeinen mit staatlichen Fördermitteln ermöglicht wird.

Es gehört zum strukturellen Dilemma der Kulturpolitik, dass sie nur in seltenen Fällen künstlerischen Ausdruck in den Blick nehmen kann, der noch nicht etabliert ist oder sich sogar programmatisch gegen eine Etablierung sperrt. Auch deshalb profitieren neue, unbekannte, unkonventionelle Künstler oder Gruppen weniger von der staatlichen Förderung.

Auch unter Kulturschaffenden selbst ist umstritten, wie der Widerspruch zwischen staatlicher Kulturförderung und freier künstlerischer Initiative zu überwinden wäre. Unstrittig ist aber, dass Künstlerlinnen und Künstler ohne Förderung ihrem Beruf kaum nachkommen können.

Daher gilt der verfassungsgemäße Schutz der Kunstfreiheit, der Berufsfreiheit und die Verpflichtung staatlichen Handelns auf das Gemeinwohl als Grundlage für die Förderung von Kunst und Kultur.

Eine Trennlinie zwischen Kultur, Medien und „Kreativwirtschaft" ist dabei allerdings nicht immer möglich. Kulturpolitik und Medienpolitik greifen ineinander.

Mit der fortschreitenden Virtualisierung der Erfahrungswelten ist Medienpolitik einer technologisch bestimmten Drift ausgesetzt, deren Richtung kaum vorhersehbar ist.

Welche Bedeutung werden Öffentlichkeit und politische Ordnung haben, wenn sich Menschen überwiegend in einer virtuellen gesellschaftlichen Wirklichkeit bewegen?

Wird das Medium Buch in Zukunft noch eine maßgebliche Rolle spielen?

Vieles deutet darauf hin, dass die Mediatisierung von Inhalten weiter zunimmt und in intuitiv-emotionale Architekturen eingewoben wird.

In diesem Prozess könnten gesellschaftlich-politische Fundamente eine andere „Textur" annehmen, als wir sie heute kennen.

Die politische Ordnung könnte dabei medial inhärenter und der Text des Grundgesetzes als verfassungsgebender Urtext historischer begriffen werden, vergleichbar etwa mit der *Magna Charta* in Großbritannien, die dort seit dem 13. Jahrhundert geltendes, angewandtes Recht ist.

Das Grundgesetz wird inhaltlich seine Geltung aber nicht verlieren. Mit neuen Rezeptionsformen könnte seine Aktualität sogar an Relevanz noch gewinnen.

# Literatur- und Quellenverzeichnis

Kapitel 1

- Herbert Rommel:, Globale Verteidigung der Menschenwürde. Zum Wert des Menschen im Judentum, Christentum und Islam, Brill | Schöningh, Paderborn, 2020, S. 56 ff., S.195 ff.
- BVerfG, Urteil vom 15.02.2006 – 1 BvR 357/05.
- BVerfGE 39, 1, 42; 72, 105, 115; 109, 279, 311.
- BVerfGE 87, 209, 228; 96, 375, 399.
- Friedrich Kluge, etymologisches Wörterbuch der deutschen Sprache, Berlin, de Gruyter, 1995, S.898.
- Foto: chromaland stock

Kapitel 2

- Entscheidungen des Bundesverfassungsgerichts. Band 7; Verlag J. C. B. Mohr, Tübingen 1958, S. 198–230.
- Joachim Detjen: Die Werteordnung des Grundgesetzes; Verlag für Sozialwissenschaften, Wiesbaden, 2009, S. 63 ff. und 397 ff.
- Strafgesetzbuch (StGB), § 140, Nummer 2.
- Völkerstrafgesetzbuch (VStGB) § 138, Absatz 1, Nummer 5.
- Foto: picture-alliance/dpa und Bundesarchiv_Bild_183-2007-1022

Kapitel 3

- Erklärung der Menschen- und Bürgerrechte vom 26. August 1789, web source: http://www.verfassungen.eu/f/ferklaerung89.htm.
- Marcel Gauchet: Die Erklärung der Menschenrechte. Die Debatte um die bürgerlichen Freiheiten 1789. Rowohlt, Reinbek bei Hamburg, 1991.
- Foto: Réunion des musées nationaux/public domaine

Kapitel 4

- Erich Fromm: Haben oder Sein. Die seelischen Grundlagen einer neuen Gesellschaft, überarbeitet v. Rainer Funk, 36. Aufl., dtv München 2009. S. 163 ff.
- BVerfG, Beschluss des Ersten Senats vom 24. März 2021 - 1 BvR 2656/18 -, Rn. 1-270.
- Theresa Degener, Elke Diehl (Hrsg.): Handbuch Behindertenrechts-

konvention. Teilhabe als Menschenrecht – Inklusion als gesellschaftliche Aufgabe. Bundeszentrale für politische Bildung (Bonn), 2015.
- Foto: pixabay-Lizenz

Kapitel 5
- Sabine Leutheusser-Schnarrenberger: Was bringt uns die Verfassungsreform? In: Frauen im Recht, Weiterbildungsprogramm der Fernuniversität Hagen, hrsg. von Ulrike Schultz, Kurs 1, Kurseinheit 3a, Hagen 1994.
- Foto: Gallerie Bassenge/public domaine

Kapitel 6
- Carl Andresen, Georg Denzler: dtv Wörterbuch der Kirchengeschichte. Deutscher Taschenbuch Verlag, München, 1982.
- EuGH, 14.03.2017 - C-157/15, C-188/15.
- Foto: pixabay-Lizenz

Kapitel 7
- Hans Breuer (Hrsg.): Der Zupfgeigenhansl. 90. Auflage. Friedrich Hofmeister, Leipzig 1920, S. 118.
- Lars Rensmann, Steffen Hagemann, Hajo Funke: Autoritarismus und Demokratie. Politische Theorie und Kultur in der globalen Moderne; Wochenschau Verlag, Schwalbach 2011.
- Bundesgesetzblatt, Jahrgang 2021, Teil 1, Nr. 13, Bonn, 01.04.2021.
- Foto: chromaland stock

Kapitel 8
- Jörg Soehring, Verena Hoene: Presserecht: Recherche, Darstellung, Haftung im Recht der Presse, des Rundfunks und der neuen Medien (AfP-Praxisreihe). 6. Auflage, Köln 2019.
- Arthur Waldenberger: Presserecht im Internet und „elektronische Presse“. In: Gerald Spindler, Fabian Schuster: Recht der elektronischen Medien. 4. Edition, C.H. Beck, München 2019.
- Foto: pixabay-Lizenz

Kapitel 9
- Hanno Rauterberg: Wie frei ist die Kunst? Der neue Kulturkampf und die Krise des Liberalismus. Suhrkamp, 2018.

- Sophie Lenski: Die Kunstfreiheit des Grundgesetzes, Zeitschrift JURA-juristische Ausbildung, Walter de Gruyter, Berlin/Boston, 2016.
- BVerfG, Beschluss des Ersten Senats vom 13. April 2010, 1 BvR 216/07 -, Rn. 1-69.
- Foto: Orren Jack Turner, Princeton, N.J. / Public domaine

Kapitel 10

- Martina Palm-Risse: Der völkerrechtliche Schutz von Ehe und Familie, Schriften zum Völkerrecht; Bd. 94, Duncker u. Humblot, Berlin, 1990.
- Hans Jarass: Art. 6. In: Hans Jarass, Bodo Pieroth: Grundgesetz für die Bundesrepublik Deutschland: Kommentar. 28. Auflage. C. H. Beck, München 2014.
- Bundesgesetzblatt, Jahrgang 2017, Teil I Nr. 52, Bonn, 28.07.2017.
- Aktionsbündnis Kinderrechte – Deutsches Kinderhilfswerk, Deutscher Kinderschutzbund, UNICEF Deutschland: Formulierungsvorschlag Kinderrechte im Grundgesetz, web-source: https://kinderrechte-ins-grundgesetz.de/wp-content/uploads/2017/11/Formulierungsvorschlag_KR_ins_GG-2012-11-14-js.pdf.
- Foto: pixabay-Lizenz

Kapitel 11

- Dieter Nohlen: Wahlrecht und Parteiensystem. 4. Aufl., Leske und Budrich, Opladen 2004.
- Foto: chromaland stock

Kapitel 12

- Charta der Grundrechte der Europäischen Union, Amtsblatt der Europäischen Union. C, Nr. 83, 30. März 2010, S. 389–403.
- Bardo Fassbender: Menschenrechteerklärung. Universal Declaration of Human Rights – Allgemeine Erklärung der Menschenrechte. Neuübersetzung, Synopse, Erläuterung, Materialien. Sellier. European Law Publisher, München 2009.
- Foto: pixabay-Lizenz

Kapitel 13

- BVerfG, Urteil vom 01.03.1979 - 1 BvR 532/77, 1 BvR 533/77, 1 BvR 419/78, 1 BvL 21/78.
- EuGh, Urteile vom 14. Mai 1974, Rechtssache 4/73, Nold, Slg. 1974,

491, Randnrn. 12 -14; vom 13. Dezember 1979, Rechtssache 44/79, Hauer, Slg. 1979, 3727; vom 8. Oktober 1986, Rechtssache 234/85, Keller, Slg. 1986, 2897, Randnr. 8.
- Foto: pixabay-Lizenz

Kapitel 14
- Hanna Labrenz-Weiß: Abteilung M - Postkontrolle (MfS-Handbuch). Hg. BStU. Berlin 2005.
- Foto: pixabay-Lizenz

Kapitel 15
- Glück, Oliver: § 24c KWG und das Recht auf informationelle Selbstbestimmung – Eine Untersuchung der Verfassungsmäßigkeit des automatisierten Abrufs von Kontoinformationen, Diss., Frankfurt a. M. 2005.
- Richtlinie (EU) 2016/680 des Europäischen Parlaments und des Rates, Amtsblatt der Europäischen Union, 27.04.2016.
- Foto: pixabay-Lizenz

Kapitel 16
- Allgemeine Erklärung der Menschenrechte der Vereinten Nationen (A/RES/217, UN-Doc. 217/A-(III)), Artikel 17.
- Foto: pixabay-Lizenz

Kapitel 17
- Council of Europe, Convention for the Protection of Human Rights and Fundamental Freedoms (ETS No. 005), Rome 04/11/1950.
- BVerfG, Urteil des Zweiten Senats vom 04. Mai 2011 - 2 BvR 2365/09 -, Rn. 1-178.
- Foto: pixabay-Lizenz

Kapitel 18
- The Henley Passport Index; web source: www.henleyglobal.com.
- Thomas Faist and Jürgen Gerdes (2008): Dual Citizenship, Transatlantic Council of Migration, Bielefeld University, Bielefeld, 2008.
- Foto: pixabay-Lizenz

Kapitel 19
- Kay Hailbronner: Asyl- und Ausländerrecht. Lehrbuch; 5. überarbeitete

Auflage, Kohlhammer, Stuttgart, 2021.

- Foto: pixabay-Lizenz

Kapitel 20

- Lennart Alexy, Andreas Fisahn, Susanne Hähnchen, Tobias Mushoff, Uwe Trepte: Das Rechtslexikon. Begriffe, Grundlagen, Zusammenhänge. Verlag J.H.W. Dietz Nachf. , Bonn, 1. Auflage, September 2019.
- Foto: pixabay-Lizenz

Kapitel 21

- Ralf Halfmann: Entwicklungen des deutschen Staatsorganisationsrechts im Kraftfeld der europäischen Integration, Duncker & Humblot, 2000, S. 43, 87, 163 ff.
- Foto: chromaland stock

Kapitel 22

- Albert Funk: Föderalismus in Deutschland. Vom Fürstenbund zur Bundesrepublik. Paderborn 2010 (Lizenzausgabe Bundeszentrale für politische Bildung), Bonn 2010.
- Foto: chromaland stock

Kapitel 23

- Eberhard Schuett-Wetschky: Richtlinienkompetenz des Bundeskanzlers, demokratische Führung und Parteiendemokratie. Teil I: Richtlinienkompetenz als Fremdkörper in der Parteiendemokratie, in: Zeitschrift für Politikwissenschaft 13 (2003), Heft 4, S. 1897–1932.
- Foto: pixabay-Lizenz

Kapitel 24

- Deutscher Bundestag; Parlamentsbegriffe, web source: https://www.bundestag.de/services/glossar/glossar/B/bundespraes-245354.
- Foto: chromaland stock

Kapitel 25

- Gesetz über die Politischen Parteien, Bundesgesetzblatt Nr. 44 (Z 1997 A), Bonn, 27.07.1967.
- Foto: chromaland stock

Kapitel 26

- Alexander Schmitt Glaeser: Grundgesetz und Europarecht als Elemente Europäischen Verfassungsrechts, in: Siegfried Magiera/ Detlef Merten (Hrsg.), Schriften zum Europäischen Recht, Band 30, Berlin: Duncker & Humblot, 1996, S. 58 ff.
- Markus Jachtenfuchs, Beate Kohler Koch (Hrsg.), Europäische Integration, 2. Auflage, Verlag für Sozialwissenschaften, Wiesbaden, 2003.
- Foto: Wikimedia commons/ Jiří Jiroutek/cc att. 3.0 unported

Kapitel 27

- Werner Klein (Hrsg.), Spiridon Paraskewopoulos (Hrsg.), Helmut Winter (Hrsg.): Soziale Marktwirtschaft. Ein Modell für Europa. Festschrift für Gernot Gutmann zum 65. Geburtstag, Duncker & Humblot, Berlin, 1994.
- Foto: pixabay-Lizenz

Kapitel 28

- Hans-Jürgen Papier, Vortrag am 12. Oktober 2006 vor dem zehnten Franz-Böhm-Kolleg an der Universität Siegen, veröffentlicht in der Zeitschrift „Aus Politik und Zeitgeschichte" (APuZ) der Bundeszentrale für politische Bildung, Berlin, 19.03.2007; web source: https://www.bpb.de/shop/zeitschriften/apuz//30557/wirtschaftsordnung-und-grundgesetz/.
- Foto: pixabay-Lizenz

Kapitel 29

- Frank Adloff: Zivilgesellschaft: Theorie und politische Praxis, Campus Verlag, Frankfurt/New York 2005, S. 17, 79, 86, 100.
- Foto: Abstimmung beim Bürgerrat Demokratie/commons/cc att. 3.0 unported

Kapitel 30

- Frank Fechner und Johannes C. Mayer, Medienrecht: Vorschriftensammlung, 10. Auflage, Heidelberg, 2019, S. 1-2.
- Klaus von Beyme: Kulturpolitik und nationale Identität, Studien zur Kulturpolitik zwischen staatlicher Steuerung und gesellschaftlicher Autonomie, Verlag für Sozialwissenschaften, Wiesbaden, 1998.
- Foto: pixabay-Lizenz

## Über den Autor

Nikolaus von Wolff, 1966 in Trossingen/Württemberg geboren, studierte Philosophie an der Universität Köln u.a. bei Prof. Dr. Ulrich Wienbruch (1936 – 2019) und Prof. Dr. Günter Schulte (1937 – 2017). Anschließend schloss er ein Studium der Visuellen Kommunikation an der Hochschule für Bildende Künste in Hamburg ab. Nach Tätigkeiten in der Kreativwirtschaft arbeitete Nikolaus von Wolff international als Berater im Bereich von Medien und Demokratieförderung. 2016 brachte er über den Pons-Verlag einen mehrsprachigen Leitfaden zum politisch-gesellschaftlichen System in Deutschland heraus. Der illustrierte Ratgeber fand breite Resonanz. Mit Beiträgen zur Demokratie, zum demografischen Wandel und zur Erinnerungskultur hat von Wolff seither Bücher und Hörbücher veröffentlicht, die einen anschaulichen Zugang zu aktuellen Themen politischer Bildung bieten. „Basiswissen Grundgesetz", 2017 erstmals erschienen, wurde von von Wolff 2022 für die dritte Auflage umfassend überarbeitet und aktualisiert.